शिखण्डी

और कुछ किन्नर कहानियाँ

देवदत्त पट्टनायक

लेखक द्वारा चित्रांकन

राजपाल

अनुवाद

नीलाभ

रमेश कपूर

₹ 265

ISBN : 9789350642894

प्रथम संस्करण : 2015, तृतीय आवृत्ति : 2017

SHIKHANDI AUR KUCHH KINNAR KAHANIYAN (Mythology)
by Devdutt Pattanaik

(Hindi translation of *Shikhandi And Other Queer Tales They Don't Tell You)*

मुद्रक : जी. एच. प्रिंट्स, दिल्ली

राजपाल एण्ड सन्ज़

1590, मदरसा रोड, कश्मीरी गेट-दिल्ली-110006

फोन : 011-23869812, 23865483

website : www.rajpalpublishing.com

e-mail : sales@rajpalpublishing.com

www.facebook.com/rajpalandsons

उन सबको समर्पित

जो यहाँ, वहाँ और बीच में हैं

क्रम

भाग – 1

किन्नरता की पहचान 13

किन्नरता की खोज या आविष्कार 21

भाग – 2

1. शिखण्डी – जो अपनी पत्नी को सन्तुष्ट करने के लिए पुरुष बन गया 47
2. महादेव – जो अपने उपासक के शिशु को जन्म देने के लिए स्त्री बने 57
3. चूडाला – जो अपने पति को ज्ञान देने के लिए पुरुष बनी 61
4. विष्णु – जो देवों, दानवों और एक तपस्वी को मोहित करने के लिए स्त्री बने 67
5. काली – जो गोपियों को मोहित करने के लिए पुरुष बनी 71
6. गोपेश्वर – जो नृत्य करने के लिए नारी बने 75
7. सामवान – जो अपने एक पुरुष मित्र की पत्नी बन गया 79
8. रत्नावली – जो अपनी सहेली की साथी बनी 83

9. मान्धाता – जिसे एक पुरुष ने जन्म दिया 87

10. भंगाश्वन – जो पुरुष भी था और माँ भी 91

11. उर्वशी – जिसे किसी नारी ने जन्म नहीं दिया 95

12. भगीरथ – जिसे दो नारियों ने जन्म दिया 99

13. स्कन्द – जिनकी सभी माताएँ नारी नहीं थीं 103

14. इरावान – जिसकी पत्नी पूरी तरह से एक पुरुष थी 109

15. बहुचर – जिसका पति एक अधूरा पुरुष था 113

16. अर्जुन – संयम का प्रदर्शन करने के लिए जिसका अस्थाई तौर पर बधियाकरण किया गया 117

17. इन्द्र – जिसे संयम न दिखा पाने के कारण अस्थाई रूप से बधिया कर दिया गया 125

18. अरुण – जो सूर्य के रुकने पर एक नारी बन गया 129

19. इला – जो चाँद के क्षीण हो जाने पर पुरुष बन गई 133

20. भीम – जिसने दण्ड देने के लिए स्त्रियों के वस्त्र धारण किए 137

21. विजय – जिसने विजयी होने के लिए स्त्रियों के वस्त्र पहने 141

22. कृष्ण – जिन्होंने प्रेमवश नारी परिधान पहना 145

23. साम्ब – जिसने खिलवाड़ में औरतों के कपड़े पहने 149

24. रानी एल्ली – जो अपने बिस्तर पर किसी पुरुष की मौजूदगी नहीं चाहती थी 153

25. कोप्परुमचोलन राजा – जो अपनी क़ब्र के साथ वाली कब्र में एक पुरुष चाहता था 157

26. नारद – जो भूल गए कि वह पुरुष थे 161

27. प्रमिला – जिसे किसी पुरुष का ज्ञान नहीं था 165

28. ऋष्यशृंग – जिन्हें किसी नारी का ज्ञान नहीं था 169

29. शिव – जिन्होंने अपनी पुरुष देह में
नारी की देह को शामिल किया 173

30. राम – जिन्होंने अपने शासन में सबको शामिल किया 179

संदर्भ सूची 185

शब्दावली 189

अनुवादक की ओर से

अंग्रेज़ी से हिन्दी में अनूदित इस पुस्तक को पढ़ते समय पाठकों से निवेदन है कि निम्न बातों का ध्यान रखें—

इस पुस्तक की विषय-वस्तु प्राचीन भारतीय पौराणिक गाथाओं के एक सुपरिचित विषय से सम्बन्धित है, इसकी प्रस्तुति, कहीं-कहीं इसकी व्याख्या आधुनिक एवं समकालीन सन्दर्भों में की गई है।

लेखक की व्याख्या विषय की परम्परागत समझ को न तो किसी तरह से कम करती है और न ही उससे दूर ले जाती है। इस विषय के प्रति लोगों में आदर या श्रद्धा की भावना है, लेखक की व्याख्या उसे भी अभ्यारोपण से कम नहीं करती है/न किसी भी तरीके से विषय के सम्मान और महत्त्व को दूसरों की समझ से कमतर आँकती है।

यह पुस्तक मूलत: अंग्रेज़ी में लिखी गयी थी और हिन्दी में अनूदित करने की अपनी चुनौतियाँ थीं क्योंकि मूल अंग्रेज़ी में प्रयुक्त कुछ शब्दों के सटीक और समकक्ष हिन्दी शब्द नहीं हैं। ऐसी स्थिति में एक शब्द की व्याख्या एक वाक्यांश या संक्षिप्त वर्णन से की गयी है। यह पुस्तक उन पाठकों के लिए उपयोगी है जो विषय से बहुत परिचित नहीं हैं। लेकिन जो पाठक इस पुस्तक की विषय-वस्तु से सुपरिचित हैं उनके लिए इस तरह का वर्णन अनावश्यक हो सकता है। पाठकों से निवेदन है कि पढ़ते समय इस बात को ध्यान में रखें। 'किन्नर' शब्द का किन्नोर प्रान्त या वहाँ के वासियों से कोई सम्बन्ध नहीं है।

अनन्त पुराणों में छिपा है सनातन सत्य,
इसे पूर्णतः किसने देखा है?
वरुण के हैं नयन हज़ार,
इन्द्र के सौ
आपके मेरे केवल दो।

भाग 1

उस देश से सावधान रहें जहाँ ब्रह्मचारी पुरुष तय करते हैं कि अच्छा सहवास क्या होता है

किन्नरता की पहचान

मेरा शरीर पुरुष का शरीर है। मैं इसे स्वीकार करता हूँ।
मैं इसे सबको पेश करता हूँ।
मेरा शरीर औरत का शरीर है। मैं इसे स्वीकार करती हूँ।
मैं इसे सबको पेश करती हूँ।

मेरा शरीर पुरुष का शरीर है। मैं इसे अस्वीकार करता हूँ।
मुझे किसी की इच्छा नहीं है।
मेरा शरीर औरत का शरीर है। मैं इसे अस्वीकार करती हूँ।
मुझे किसी की इच्छा नहीं है।

मुझे नहीं पता कि मेरा शरीर पुरुष का शरीर है या औरत का।
मुझे लगता है मैं औरत हूँ।
मुझे नहीं पता कि मेरा शरीर पुरुष का शरीर है या औरत का।
मुझे लगता है मैं पुरुष हूँ।

मेरा शरीर पुरुष का शरीर है। इसे औरत का शरीर होना चाहिये।
मुझे पुरुषों की इच्छा होती है।
मेरा शरीर औरत का शरीर है। इसे पुरुष का शरीर होना चाहिये।
मुझे औरतों की इच्छा होती है।

मेरा शरीर पुरुष का शरीर है। इसे औरत का शरीर होना चाहिये।
मुझे औरतों की इच्छा होती है।

मेरा शरीर औरत का शरीर है। इसे पुरुष का शरीर होना चाहिये।
मुझे पुरुषों की इच्छा होती है।

मेरा शरीर पुरुष का शरीर है। मैं औरतों के कपड़े पहनता हूँ।
मुझे पुरुषों की इच्छा होती है।
मेरा शरीर औरत का शरीर है। मैं पुरुषों के कपड़े पहनती हूँ।
मुझे औरतों की इच्छा होती है।

मेरा शरीर पुरुष का शरीर है। मैं औरतों के कपड़े पहनता हूँ।
मुझे औरतों की इच्छा होती है।
मेरा शरीर औरत का शरीर है। मैं पुरुषों के कपड़े पहनती हूँ।
मुझे पुरुषों की इच्छा होती है।

मेरा शरीर पुरुष का शरीर है। मैं पुरुषों के कपड़े ही पहनता हूँ।
मुझे पुरुषों और औरतों, दोनों की इच्छा होती है।
मेरा शरीर औरत का शरीर है। मैं औरतों के कपड़े ही पहनती हूँ।
मुझे औरतों और पुरुषों, दोनों की इच्छा होती है।

मेरा शरीर पुरुष का शरीर है। मैं पुरुषों के कपड़े ही पहनता हूँ।
मुझे पुरुषों की इच्छा होती है।
मेरा शरीर औरत का शरीर है। मैं औरतों के कपड़े ही पहनती हूँ।
मुझे औरतों की इच्छा होती है।

मेरा शरीर पुरुष का शरीर है। मैं पुरुषों के कपड़े ही पहनता हूँ।
मुझे औरतों की इच्छा होती है।
मेरा शरीर औरत का शरीर है। मैं औरतों के कपड़े ही पहनती हूँ।
मुझे पुरुषों की इच्छा होती है।

मैं पुरुष हूँ। मुझे सिर्फ एक ही औरत की इच्छा होती है।
मैं औरत हूँ। मुझे सिर्फ एक ही पुरुष की इच्छा होती है।

मैं पुरुष हूँ। मुझे सिर्फ एक ही पुरुष की इच्छा होती है।
मैं औरत हूँ। मुझे सिर्फ एक ही औरत की इच्छा होती है।

मैं न पुरुष हूँ, न औरत।
मैं पुरुष भी हूँ और औरत भी।

मेरा शरीर कठोर भी है और लचीला भी।
मैं जानता भी हूँ और नहीं भी जानता।

प्रकृति के इस लचीलेपन को और संस्कृति की परिवर्तनशील कठोरता को समझना किन्नरता या किन्नर प्रवृत्ति (queerness) *को समझना है।*

माना जाता है कि आत्म-विश्वास-भरी (मर्दाना ?) मुद्रा में खड़ी यह स्त्री सिंधु घाटी सभ्यता (2500 ईसा पूर्व) की नर्तकी है।

- अमरीका में जब दो व्यस्क पुरुष सार्वजनिक रूप से एक-दूसरे का हाथ पकड़ कर चलते हैं तो उन्हें समलैंगिक माना जाता है, लेकिन भारत में ऐसा नहीं है। किन्नर प्रवृत्ति (क्वियरनेस) को गहराई से समझने के लिए सांस्कृतिक दृष्टि से जाँच-पड़ताल करना बहुत आवश्यक है। लेकिन इसके साथ-साथ, हमें इस ओर से भी पूरी तरह सावधान रहना होगा कि इस जाँच-पड़ताल से कभी-कभी आवाज़ों का दम घुट सकता है।

- हिन्दू पौराणिक कथाओं में कहा गया है कि यह दुनिया जन्म और मरण के चक्र से चलती है। प्रत्येक जीवनकाल या कल्प चार युगों में बँटा हुआ है। पहला युग है सतयुग जिसमें सभी सीमाएँ और कोटियाँ बहुत स्पष्ट हैं। ये सीमाएँ त्रेता और द्वापर युग में बहुत कमज़ोर पड़ जाती हैं और वर्गीकरण उत्तरोत्तर दूषित हो जाता है। उसके बाद, कलियुग में पूरा-का-पूरा ढाँचा ही टूट कर बिखर जाता है। कलियुग को इस संसार का चौथा और अन्तिम युग माना जाता है। इसके बाद आती है प्रलय यानी कयामत, जब हर चीज़ का अस्तित्व समाप्त हो जाता है और उसके बाद सृष्टि की नई शुरुआत होती है। यह स्थायी कोटियों को पवित्रता का प्रतीक बना देता है और अस्थिरता अपवित्रता और पतन की पहचान बनती है।

- पश्चिमी विद्वानों के समुदाय में हिन्दू पौराणिक कथाओं के सामान्य अध्ययन का रुझान शाब्दिक और सीमित-सा प्रतीत होता है, इसलिए वह सतयुग में पितृसत्ता को रेखांकित करता है, जब व्यवस्था का सम्मान किया जाता था और कलियुग में विचित्रता और किन्नर प्रवृत्ति को रेखांकित करता है, जहाँ व्यवस्था ध्वस्त हो जाती है। इससे यह निष्कर्ष निकाला जा सकता है कि हिन्दू पौराणिक कथाएँ ब्राह्मणों के आधिपत्य का समर्थन करती हैं। इससे एक अच्छे और न्यायसंगत समाज की स्थापना के लिए पारम्परिक हिन्दू विचारों के स्थान पर आधुनिक विचारों को लाने की आवश्यकता को उचित ठहराया जाएगा।

- भारतीय संस्कृति का अध्ययन गहराई से करने पर इस समस्या को दिमाग से जोड़ा जा सकता है। एक युग से दूसरे युग में जाना ऐसे मस्तिष्क की निशानी है जो तेजी से विश्वास खोता जा रहा है। जिस कारण वह अपने भीतर बहुत असुरक्षा महसूस करने लगता है और इसलिए ज़्यादा-से-ज़्यादा शक्ति हथिया लेना चाहता है। जब ऐसा होता है तो इन वर्गों की विशिष्टता का कोई महत्त्व नहीं रह जाता। वे एक श्रेणीबद्ध ढाँचे में स्थित हैं। उसके बाद निर्दयतापूर्वक दूसरों पर वर्चस्व कायम करने और उनका दमन करने की प्रक्रिया आरम्भ हो जाती है, जिसके परिणामस्वरूप बदलाव की माँग उठने लगती है। सत्ता-परिवर्तन की प्रक्रिया में कर्तव्यों को लागू किया जाता है और अधिकारों की माँग उठती है। ऐसे में युद्ध की रेखाएँ खिंच जाती हैं और परशुराम, राम और कृष्ण के रूप में विष्णु के हस्तक्षेप के बावजूद कम ही लोग यह स्वीकार करते हैं कि समस्या बाहर नहीं, बल्कि अंदर है। जब तक हम अपने दिमाग़ को डर से नियंत्रित होने देंगे और उसे अहम् में परिवर्तित करते रहेंगे, युगों की यह यात्रा निरंतर चलती रहेगी और इसे ही संसार कहते हैं यानी पुनर्जन्म का चक्र। जैसे ही हम बुद्धि और विवेक से अपने दिमाग की गाँठें खोलते हैं, आत्मा खुद को प्रकट करती है और युगों की यात्रा थम जाती है। इसे ही मोक्ष यानी मुक्ति कहा जाता है।

- हिन्दू धर्म या हिन्दुत्व (हिन्दुइज्म) शब्द का प्रयोग अंग्रेज़ उपनिवेशवादियों

ने प्रशासकीय सुविधा के लिए 19वीं शताब्दी से करना शुरू किया था। यह एक परम्परा का हवाला देता है जिसकी जड़ें 4,000 वर्ष पुराने वेदों और पिछले 2000 वर्षों में रचित आगम (वेदों के सम्पूरक ग्रन्थ), तंत्र और भक्ति साहित्य में खोजी जा सकती हैं।

- बौद्ध धर्म और जैन धर्म जैसी मठ-व्यवस्थाओं के उदय के बाद पुरानी वैदिक परम्परा ने पौराणिक परम्परा के आगमन के लिए मार्ग बनाया। इसलिए हम हिन्दू धर्म को बौद्ध धर्म से पहले के और बौद्ध धर्म से बाद के दो काल-खण्डों में बाँट सकते हैं।

- जब हिन्दू धर्म में परिवर्तन हुआ, तो बौद्ध धर्म खुद परिवर्तित हो गया। प्रथम शताब्दी के आसपास, बौद्ध धर्म की शुरुआती थेरवादी विचारधारा ने बाद में आने वाली दूसरी शाखा महायान के लिए रास्ता बनाया। इसके साथ ही पुरुष-प्रधान बौद्ध व्यवस्था में स्त्री बौद्धों को भी शामिल किया जाने लगा। स्त्री बौद्धों की शुरुआत करुणा और बुद्धि की देवी तारा के रूप में हुई, जिसने बुद्ध के आँसुओं से तब जन्म लिया था जब बुद्ध दुखों और बीमारियों से कराहते लोगों का क्रंदन सुन कर रो पड़े थे। इसके अतिरिक्त, बुद्ध के संन्यासी रूप ने अधिक गतिशील बोधिसत्व रूपों के लिए रास्ता बनाया। बोधिसत्व का अर्थ है वह महान व्यक्ति, जो दूसरों को दुखों और पीड़ाओं से बचाने के लिए और उनकी मदद करने के लिए अपनी मुक्ति को स्थगित कर देता है। महायान बौद्ध धर्म के सबसे लोकप्रिय बोधिसत्वों में से एक अवलोकितेश्वर को (जिन्होंने संसार के समस्त प्राणियों के उद्धार के लिए स्वयं निर्वाण लाभ नहीं किया) अधमुंदी आँखों के साथ सुशोभित पद्मपाणि रूप में दिखाया गया है। उन्हें हमेशा ऐसी मुद्रा में खड़े दिखाया जाता है जिसे त्रिभंगी मुद्रा के रूप में जाना जाता है। इस मुद्रा का सम्बन्ध आमतौर पर भारत की नर्तकियों के साथ जोड़ा जाता है। इस मुद्रा में सम्भवतः नर्तक का शरीर गर्दन, कमर, और घुटने से मुड़ा होता है। इसी मुद्रा को बाद में कृष्ण ने भी अपनाया था। स्पष्ट रूप से स्त्रियों जैसी इस मुद्रा से ही बोधिसत्व ने, जिन्हें किसी प्रकार की कोई इच्छा नहीं थी, कई

लोगों की इच्छाओं की बेड़ियों से मुक्ति पाने में सहायता की थी। जिस प्रकार ज्ञान ने करुणा के साथ संतुलन स्थापित किया था, उसी प्रकार पुरुषत्व ने स्त्रीत्व के साथ संतुलन स्थापित कर लिया था और पुरुषों के कठोर शरीर वाले संत ने एक सुकुमार नर्तकी का रूप धारण कर लिया था। यह सोच में परिवर्तन की निशानी है, लचीलेपन (अगर इसे किन्नर प्रवृत्ति कहने का दुस्साहस किया जाय तो) के सिलसिले में एक सहजता, खास तौर पर बौद्ध मठ-व्यवस्था के आरम्भिक वर्षों में स्त्रैण पंडक को अस्वीकार करने के चलन के सन्दर्भ में।

अजन्ता, महाराष्ट्र के एक गुफाचित्र (100 ईस्वी) में बोधिसत्व के रूप में चिह्नित एक पुरुष की कमनीय (स्त्रैण) मुद्रा।

किन्नरता की खोज या आविष्कार

इस दुनिया में भिन्न-भिन्न प्रकार के लोग हैं, इनमें से कुछ की संख्या कम है तो कुछ की अधिक। किन्हें हम खोजने पर पाते हैं? किनका हम आविष्कार करते हैं? जो हमें खोजने पर मिलता है, उसे प्राकृतिक समझा जाता है। जिसका हम आविष्कार करते हैं, वह अस्वाभाविक, बनावटी, मानव-निर्मित या फिर संस्कारित यानी कृत्रिम समझा जाता है।

यह महत्त्वपूर्ण है कि भिन्न-भिन्न लोग भिन्न-भिन्न चीज़ों की खोज और आविष्कार करते हैं, क्योंकि प्रकृति या प्राकृतिक क्या है, इसके बारे में सभी लोगों के विचार अलग-अलग होते हैं। उदाहरण के लिए, ईसाइयों में परमेश्वर के आदेश प्राकृतिक हैं, जबकि हिन्दू जगत में संस्कृति, प्रकृति पर एक कृत्रिम आवरण बन कर आती है जो लोगों को अपनी मनुष्यता की खोज करने में विविधता के लिए जगह बनाने या उसे अस्वीकृत करने का मौका देती है।

मनुष्यता की खोजों और आविष्कारों को कहानियों-कथाओं, प्रतीकों और रीति-रिवाजों के माध्यम से पीढ़ी-दर-पीढ़ी साझा किया जाता रहा है। ये हमारे चेतन और अवचेतन मन के साथ जुड़ी होती हैं। पौराणिक कथाएँ इन्हीं कहानियों, प्रतीकों और रिवाज़ों का अध्ययन हैं। जब ये कहानियाँ, प्रतीक और रिवाज़ रूढ़ हो कर, समाज की ऐसी इकाई द्वारा हम पर सख्ती से लागू किए जाते हैं, जो एक अलौकिक सत्ता तक पहुँच का दावा करती है, तो वे धर्म का रूप ग्रहण कर लेते हैं।

यह पुस्तक हिन्दू कथाओं पर आधारित है। जैन और आरम्भिक बौद्ध धर्म से सम्बन्धित पौराणिक गाथाओं के संदर्भ भी इस पुस्तक में दिए गए हैं, क्योंकि उनमें और हिन्दू पौराणिक कथाओं में एक महत्त्वपूर्ण वैचारिक समानता मिलती है जो

यूनानी, 'बाइबल' और अन्य ऐसी पश्चिमी पौराणिक गाथाओं में नहीं मिलती। यानी पुनर्जन्म की अवधारणा। इसी तरह, संसार (जन्म और मृत्यु का चक्र) और कर्मफल (हमारी वर्तमान दशा पर पिछले जन्म के कर्मों और भविष्य पर हमारे वर्तमान कर्मों का प्रभाव) की अवधारणा है। एक ऐसी दुनिया, जहाँ आपको विश्वास है कि जीने के लिए कई जीवन हैं, उस दुनिया से बिल्कुल भिन्न होती है, जिसके सम्बन्ध में आप पूरी तरह आश्वस्त हैं कि यही जीवन एकमात्र जीवन है। अगर हम कार्मिक दृष्टिकोण से बात करें, तो आप की किन्नर प्रवृत्ति आपके अपने कर्मों के कारण ही है और यह वरदान या शाप, दोनों में से कुछ भी हो सकती है। जीवन के एक दृष्टिकोण के अनुसार आप में किन्नर प्रवृत्ति इसलिए है, क्योंकि यह चुनाव आपने स्वयं किया है, अपने व्यक्तित्व को अभिव्यक्ति देने के लिए या (ग्रीक पौराणिक कथाओं के अनुसार) किसी शक्ति को चुनौती देने के लिए अथवा ('बाइबल' की कथाओं के अनुसार) इसलिए कि ऐसी ही ईश्वर/ शैतान की इच्छा है।

हिन्दू पौराणिक ग्रन्थों का अध्ययन करने से पता चलता है कि पितृसत्ता यानी यह विचार कि पुरुष स्त्रियों से श्रेष्ठ होते हैं, मनुष्य द्वारा निर्मित व्यवस्था है। उदाहरण के लिए, 'महाभारत' महाकाव्य में ऐसे समय का वर्णन भी मिलता है, जब विवाह की अवधारणा का कोई अस्तित्व नहीं था। पुरुष और स्त्रियाँ किसी के साथ भी जाने के लिए स्वतंत्र थे, जब तक कि पितृत्व ('यह पुत्र मेरा है') का निर्धारण महत्त्वपूर्ण नहीं हो गया, जिसके लिए स्त्रियों का स्वामित्व और उनकी निष्ठा अनिवार्य हो गई ('वह स्त्री मेरे बीज के लिए खेत के समान है')। पितृत्व इसलिए महत्त्वपूर्ण हो गया, क्योंकि ज़मीन-जायदाद महत्त्वपूर्ण हो गई (यह मेरी है, का अधिकार-भाव)। सम्पत्ति और उत्तराधिकार महत्त्वपूर्ण बन गए, क्योंकि इनसे मनुष्यों को अपने अमर होने का भ्रम होता था (कहा जाता था कि 'मैं मर जाऊँगा, लेकिन जो मेरे पास है, वह मेरे पुत्रों के माध्यम से मेरे बाद भी जीवित रहेगा')।

अलबत्ता, नारीवाद का विचार, जिसमें पुरुषों और स्त्रियों को सामाजिक अधिकारों और अवसरों के आधार पर समान माना गया है, हिन्दू धर्म में एक खोजा गया विचार है, चूँकि धर्म-ग्रन्थ शरीर और आत्मा के अन्तर की ओर इशारा करते हैं। आत्मा का कोई लिंग नहीं होता। लिंग का सम्बन्ध शरीर से है। अज्ञानी लोग आत्मा

की तुलना में शरीर यानी लिंग को ज़्यादा महत्त्व देते हैं। ऐसे अज्ञानी लोग स्त्री-देहधारी की बनिस्बत पुरुष-देहधारी को, बूढ़े-देहधारी की बनिस्बत युवा-देहधारी को, काली चमड़ी की बनिस्बत गोरे रंग से ढँके देहधारी को, उस देहधारी के स्वामित्व वाली सम्पत्ति को, जिस परिवार से वह देहधारी सम्बन्धित है, उस परिवार को और समाज में उस देहधारी की सामाजिक स्थिति को ज़्यादा महत्त्वपूर्ण मानते हैं। ज्ञानी लोग शरीर को विशुद्ध रूप से काम-काजी संदर्भ में देखते हैं - वे देवदासी की भी पूजा करते हैं, जो सबको अपना शरीर प्रस्तुत करती है और संन्यासी की भी, जो अपना शरीर किसी को प्रस्तुत नहीं करते।

लेकिन, निश्चित रूप से मठ-व्यवस्था के आविष्कार के साथ यह सब बदल गया। मठ-व्यवस्था स्त्रियों को, विशेष रूप से उन स्त्रियों को जो अपने यौन सुख के लिए मानवीय लालसाओं में लिप्त होती हैं, पतित और फुसलानेवाली स्त्रियाँ मानती थी। ये स्त्रियाँ परमात्मा की खोज में लगे लोगों को उनके मार्ग से भटकाती हैं। स्त्रियों को पवित्र और सच्चरित्र रहने के लिए कहा जाता : इससे उन्हें जादुई शक्तियाँ मिलतीं और वैधव्य से उनकी रक्षा होती। पुरुषों को ब्रह्मचर्य की सलाह दी जाती : इससे उन्हें वर प्रदान करने और शाप देने की शक्ति प्राप्त होती।

हिन्दू पौराणिक कथाओं में लगातार किन्नरता के संदर्भ मिलते हैं, उस विचार के जो पुरुषत्व और स्त्रीत्व की धारणा पर प्रश्न खड़ा करता है। इन कहानियों में ऐसे पुरुष मिलते हैं जो स्त्रियाँ बन गए, ऐसी स्त्रियाँ जो पुरुष बन गईं, ऐसे पुरुष, जिन्होंने बिना स्त्रियों के योगदान के बच्चों को जन्म दिया और ऐसी स्त्रियाँ जिन्होंने पुरुषों की सहायता के बिना बच्चे पैदा किए। इसके अतिरिक्त ऐसे जीवधारियों का भी वर्णन है, जो न ये हैं, न वो, बल्कि जिनमें दोनों का थोड़ा-थोड़ा अंश है। उदाहरण के लिए, मकर (जिसका आधा शरीर मछली का है और आधा शरीर हाथी का) और यलि, जिसका शरीर शेर और हाथी का मिला-जुला रूप है। संस्कृत, प्राकृत और तमिल भाषा में कई ऐसे शब्द हैं जो किन्नरता से सम्बन्धित विचारों और व्यवहार से लम्बे परिचय की जानकारी देते हैं जैसे क्लीब, नपुंसक, मुखभग, शण्ड, पंड, पंडक और पेड़ी।

हमारी कहानियों में ऐसे विश्वासों के अस्तित्व से या तो इनकार करना आम है या उन्हें सिर्फ अलौकिकता के दायरे में रखना या ऐसी तलाश करना या ऐसी

आचार संहिताओं की ओर इशारा करना आम बात है, जो पितृसत्ता और जातिवाद का समर्थन करने के अलावा किन्नर प्रवृत्ति (क्वियरनेस) पर नाक-भौं चढ़ाती हैं। इसके बावजूद ये कहानियाँ बार-बार सुनाई और दिखाई जाती हैं। सम्भवत: ये विद्वान सन्तों द्वारा इस बात के विनम्र प्रयास हैं कि हठी सीमित मस्तिष्कों के कपाट खोल कर उन्हें अनन्तता की ओर ले जाया जाए।

किन्नर प्रवृत्ति (क्वियरनेस) की कहानियाँ सिर्फ भारतीय पौराणिक कथाओं तक सीमित नहीं हैं।

मकर, जो न मछली है और न हाथी, बल्कि इन दोनों का थोड़ा-थोड़ा अंश, वासना के देवता, काम का प्रतीक-चिह्न है

उत्तरी ध्रुव के आर्कटिक क्षेत्रों की एस्कीमो जाति में यह कथा प्रचलित है कि इस पृथ्वी पर सबसे पहला जोड़ा दो पुरुषों का था लेकिन उनके आपसी समागम के बाद गर्भ में ठहरे बच्चे के बाहर आने का कोई मार्ग नहीं था, इसलिए उनमें से एक को स्त्री में बदल दिया गया। उत्तरी अमरीका के कबीलों में 'दो आत्माओं' का सन्दर्भ मिलता है यानी ऐसे लोग जिनमें पुरुष और स्त्री, दोनों की विशेषताएँ होती हैं इसलिए उनकी गिनती तीसरे लिंग में होती है जो अक्सर ओझा का काम करते हैं, क्योंकि वे आत्माओं और प्रेतों के जगत के निकट माने जाते हैं। मेक्सिको के एज़टेक आदिवासियों की पौराणिक कथाओं में मादा गुणों वाले फूलों के राजकुमार

सोचिपिली का ज़िक्र आता है जिसे कला, सौंदर्य, मक्के, नृत्य, गीत का देवता और आनन्द और समलैंगिक कामुकता का संरक्षक माना जाता है। क्यूबा की सान्तेरिया पौराणिक कथाओं में एक समुद्र-देवी की कथा मिलती है जिसने संयोग से अपने ही पुत्र के साथ संसर्ग किया था। वह अपने इस कृत्य से इतनी शर्मिंदा हुई कि उसने इस संसर्ग से उत्पन्न अपने दो पुत्रों में से एक को बहरा और दूसरे को गूँगा बनाने के बाद दोनों पुत्रों को समुद्र के नीचे छिपा दिया था। अकेले और अलग-थलग ये दोनों भाई शारीरिक अन्तरंगता के ज़रिये एक-दूसरे से बातचीत करते थे। उपरोक्त सभी कथाओं में किन्नरता सृष्टि का एक अंग है इसलिए प्राकृतिक है।

स्कैंडिनेविया की 'वाइकिंग' पौराणिक कथाओं में मर्दानगी निर्लज्जता से कूट-कूट कर भरी हुई है। लेकिन इसके बावजूद स्कैंडिनेवियाई देवताओं के नेता, एक आँख वाले ओडिन, जो युद्ध, भविष्यवाणी और कविता के देवता माने जाते हैं, नपुंसक अथवा ऐर्गी (ergi) कहे जाने का जोखिम उठाते हैं, जब वे सीद नामक ओझागिरी की प्रथा में शामिल होते हैं जिसमें विपरीतलिंगी व्यक्ति का वेश धारण किया जाता है और स्त्रीत्व की छान-बीन की जाती है।

प्राचीन मिस्री पुराणों में सेत की कहानी आती है, जिसने अपने बड़े भाई और मिस्र के शासक ओसिरिस की हत्या कर दी थी और उसके बाद ओसिरिस के पुत्र होरस के साथ सम्भोग किया था। उसने अपना वीर्य अपने भतीजे की जाँघों के बीच गिरा दिया जिसे होरस ने नदी में बहा दिया। उसके बाद सेत सलाद का एक पत्ता खाता है बिना यह जाने कि होरस ने चालाकी से उस पत्ते पर अपना वीर्य छिड़क दिया था। इसके बाद सेत मिस्र की गद्दी पर होरस के दावे को यह कह कर चुनौती देता है कि चूँकि सम्भोग के दौरान होरस की भूमिका निष्क्रिय संगी की थी, इसलिए वह राजगद्दी का उत्तराधिकारी नहीं हो सकता। होरस सेत की इस चुनौती को झूठा ठहराते हुए अपने वीर्य का आह्वान करता है, जो सेत के माथे से फूट निकलता है और बाज के सिर वाला मिस्री देवता, थोथ का रूप धारण कर लेता है, जिसे लेखन और रहस्यवाद का देवता माना गया है। इससे सबको यह विश्वास हो जाता है कि सम्भोग में सक्रिय भूमिका निभाने वाला सेत नहीं, बल्कि होरस था। यहाँ समलैंगिकता को शक्ति के संदर्भ में देखा गया है—सम्भोग में निष्क्रिय भूमिका निभाने वाले की तुलना में आक्रामक भूमिका निभाने वाले को अधिक सम्मान देते हुए।

ऑसिरस की गद्दी पाने के लिए मिस्त्र के पुराणों के दो पात्रों, सेत और बाज के सिर वाला होरस, के बीच हुए युद्ध का वर्णन है जिसमें कभी-कभी किन्नर प्रवृत्ति की झलक मिलती है।

जापानी शिन्तो पुराणों में उभयलिंगी इनारी का उल्लेख मिलता है जो कभी पुरुष है, तो कभी स्त्री। चीनी ताओवादी पुराणों के आठ अमर व्यक्तियों में से एक लेन काईहे का वर्णन है जिसकी लैंगिकता अस्पष्ट है, वह कभी पुरुष का वेश धारण करता है और कभी स्त्री का। यह किन्नरता को दृढ़ता से प्रकृति के दायरे में रख देता है। इसकी और भी पुष्टि उन स्थानों के उल्लेख से होती है, जहाँ सिर्फ स्त्रियाँ ही रहती हैं और उन स्थानों के उल्लेख से भी, जहाँ स्त्रियाँ पुरुषों के काम करती हैं और पुरुष स्त्रियों के। इन कथाओं में बड़ी-बड़ी शक्तियों के प्रतीक, पुरुष ड्रैगनों का संदर्भ मिलता है, जो बड़ी उम्र के पुरुषों के साथ सम्भोग करते हैं और उन्हें घायल अवस्था में छोड़ देते हैं, जबकि चियाँ नामक आत्माएँ जब पुरुष भी होती हैं युवा लड़कों के साथ सम्बन्ध बनाना पसन्द करती हैं। यहाँ ऐसे पुरुष की भी कथा मिलती है जिसे दूसरे पुरुष की कामना करने के लिए मृत्यु-दण्ड दिया गया था, लेकिन जिसे पाताल के देवताओं द्वारा समलैंगिकता के संरक्षक, खरगोश देवता में रूपान्तरित कर दिया गया था।

ताओवादी दर्शन में, ड्रैगन सिंहासन यानी चीन के सिंहासन पर बैठने वाले सम्राट को दुनिया में सद्‌भावना और व्यवस्था कायम करने का दैवी आदेश था। अपने इस काम को अंजाम देने के लिए यह ज़रूरी था कि चीनी राजमहल में वही एकमात्र पौरुष-सम्पन्न नर हो और इसलिए उसके पास नपुंसकों की पूरी फौज थी, ऐसे पुरुषों की जिनके यौनांग काट कर उन्हें बधिया कर दिया गया था ताकि वे

उसकी रानियों, रख़ैलों और बच्चे की देख-रेख तो कर सकें, लेकिन उनके साथ सम्बन्ध न बना सकें। लेकिन ये नपुंसक जन्मजात हिजड़े या पार-लिंगी (transgender) नहीं थे, बल्कि ऐसे पुरुष थे जिन्हें सम्राट के हितों के लिए उनकी प्रजनन क्षमता से वंचित कर दिया गया था। काट कर अलग किए गए अंग, जिन्हें 'अनमोल' कहा जाता था, एक मुहरबन्द संदूक में सुरक्षित रख दिया जाता था और उन्हें उन नपुंसकों की मृत्यु होने पर उनके साथ ही दफ़ना दिये जाते थे ताकि जब वे अगले जन्म में प्रवेश करें और अपने पितरों से मिलें, तो वे 'पूरे' पुरुष हों। नौकरशाह और अभिजात वर्ग से सम्बन्ध रखने वाले व्यक्ति, जो कन्फ्यूशियस विचारधारा का पालन करते थे, नपुंसक बनाए गए इन पुरुषों की महत्त्वाकांक्षाओं के प्रति पूरी तरह सचेत थे, जो हमेशा अपने त्याग के प्रति पूरी तरह सचेत रहते थे।

कन्फ्यूशियस विचारधारा ताओवादी नज़रिये के हमेशा विपरीत रही है; लचीलेपन की बनिस्बत स्थिरता उसे ज़्यादा पसन्द रही है। कन्फ्यूशियस के दर्शन के अनुसार, प्रकृति अव्यवस्था है, जिसे संस्कृति अथवा सभ्यता द्वारा नियंत्रित करने की आवश्यकता है। वह ऐसे सदाचारी राज्य की बात करता है जहाँ प्रजा राजा के सामने झुकती है, युवा लोग बूढ़ों का सम्मान करते हैं और स्त्रियाँ पुरुषों के सामने झुकती

चीन में 'कटी आस्तीन का जुनून' का मुहावरा समलैंगिक प्रेम के संदर्भ में प्रयोग किया जाने लगा जब सम्राट ऐई ने अपनी शाही पोशाक की आस्तीन काट दी थी ताकि उस पुरुष की नींद भंग न हो जिसके साथ वह प्रेम करता था।

हैं। यह श्रेणीबद्ध प्रणाली कर्मकाण्डों के माध्यम से स्थापित की गई है जिसका उद्देश्य है प्रत्येक व्यक्ति को सदाचारी बनाना। तो भी, कठोर नियमों वाले इस ढांचे के अन्दर हमें स्वर्ण युग के नाम से पुकारे जाने वाले इस युग में शाही महलों में, मठों में और सेना में पुरुषों के बीच आवेग-भरे प्रेम-प्रसंगों के हवाले मिलते हैं। यहाँ सम्राट ऐई की भावपूर्ण कहानी भी मिलती है, जिसने अपने पुरुष प्रेमी की नींद को भंग करने की बजाय अपने शाही लिबास की आस्तीन ही काट डाली थी क्योंकि वह उस आस्तीन पर ही सोया हुआ था। इसी ने 'कटी आस्तीन का जुनून' के मुहावरे को जन्म दिया, जो समलैंगिक प्रेम के लिए प्रयोग में लाया जाता है। इससे पता चलता है कि किन्नरता के प्रति तब तक उदासीनता बरती जाती है, जब तक कि वह समाज के स्थायित्व के लिए खतरा नहीं बन जातीं। इसीलिए यह कहावत भी है कि 'ऐसे सुन्दर पुरुष से सावधान रहें जो राजा को प्रौढ़ बुद्धि वालों के ज्ञान से भटका सकता है।'

प्राचीन मेसोपोटामिया की पुराकथाओं में हमें एन्की नामक एक देवता की कथा मिलती है जो ऐसे प्राणियों को एक भूमिका देने का प्रयास करता है, जो अन्य

मेसोपोटामिया में मिट्टी की पट्टिकाओं पर गिलगमेश और एनकिदू के बीच बिना शारीरिक सम्बन्धों के प्रेम को दिखाया गया है।

देवताओं की दृष्टि में पूर्ण नहीं हैं। वह नेत्रहीन को संगीतकार की भूमिका देता है, बाँझ औरत को रख़ैल की भूमिका और पौरुषहीन आदमी को राजा के हरम में देख-रेख करने वाले की भूमिका प्रदान करता है। इस तरह हर व्यक्ति को एक जगह दी जाती है।

गिलगमेश के प्राचीन सुमेरियाई महाकाव्य में जंगली योद्धा, एनकिदू के साथ इस महान राजा के गहरे प्रेम सम्बन्धों की कहानी का वर्णन है। इसमें एनकिदू की मृत्यु पर राजा इस तरह फूट-फूट कर रोता है जैसे एक प्रेमी अपनी प्रेमिका की मृत्यु पर रोता है। 'बाइबल' में जोनाथन की मृत्यु पर डेविड द्वारा किए गए प्रलाप में भी

यूनानी पौराणिक कथाओं में ओलम्पिया के देवों के राजा, ज़्यूस ने अपना साकी बनाने के लिए गैनिमीड नामक एक राजकुमार का अपहरण किया था।

इसी प्रकार के भावावेग को देखा जा सकता है। ठीक इसी प्रकार, होमर द्वारा लिखित प्राचीन महान यूनानी महाकाव्य 'इलियड' में भी पैट्रोक्लस की मृत्यु पर एकिलीज़ को विलाप करते दिखाया गया है। प्राचीन यूनानी पुराकथाओं के सर्वोच्च देवता ज़्यूस, जिसने लीडा नामक राजकुमारी के साथ बलात् शारीरिक सम्बन्ध स्थापित करने के लिए हंस का रूप धारण किया था, गैनिमीड नामक राजकुमार का अपहरण करने के लिए एक बाज का रूप भी धारण किया था। पश्चिम से पूर्व की ओर बहने वाली हवाओं के देवता जेफिर और अपोलो के बीच एक अति सुन्दर युवक हायासिन्थ को लेकर युद्ध हुआ था।

एक विचारधारा पुरुष के पुरुष के साथ या पुरुष के किशोर के साथ बनाए गए

सम्बन्ध को आत्मिक और अलौकिक मैत्री के रूप में मान्यता देता है, जिसमें यौन सम्बन्धों के लिए कोई स्थान नहीं होता और जिसमें दोनों व्यक्ति सिर्फ एक-दूसरे की प्रशंसा करने और परस्पर प्रेरणा देने का कार्य करते हैं। दूसरी विचारधारा वाले लोग इन सम्बन्धों को अस्वीकार करते हैं और उन्हें ऊबे हुए अभिजात लोगों के खिलवाड़ मानते हैं, जिनके लिए स्त्रियाँ बच्चों को पैदा करने के लिए बनी थीं और युवक आनन्द प्रदान करने के लिए। इन दोनों ही मामलों में किन्नरता का आविष्कार या तो किसी ऊँची भावना के कारण या घटिया आनन्द की प्राप्ति के लिए प्रकृति (यौन सम्बन्ध) और संस्कृति (विवाह) दोनों की सीमाओं से व्यक्ति को दूर रखने के लिए किया गया है। यह बात कि किन्नरता की ये कहानियाँ पुरुषों तक ही सीमित हैं, पितृसत्ता के ढाँचे की व्यापकता का सबूत माना जा सकता है।

लेकिन इसके अपवाद भी मौजूद हैं, खास तौर पर एक स्त्री के दूसरी स्त्री के प्रति प्रेम और जुनून से सम्बन्धित यूनानी कविताएँ, जो लेज़्बोस द्वीप पर रहने वाली यूनानी कवयित्री सैफ़ों द्वारा लिखी गई हैं, जिससे 'लेज़्बियन' शब्द प्रचलित हुआ जिसका अर्थ है समलैंगिक स्त्री। आर्टेमिस प्राचीन यूनानी पुराणों की प्रमुख देवियों में से एक थी, जिसे हिरन का शिकार करना बहुत पसन्द था और जिसे पुरुषों की अपेक्षा स्त्रियों का साथ बहुत अच्छा लगता था। एक दिन जब एक पुरुष ने उसे अपनी ओर लुभाने की कोशिश की, तो उसने उस पुरुष को हिरन बना दिया जिसे उस पुरुष के ही शिकारी कुत्तों ने टुकड़े-टुकड़े कर दिया। क्रोधित आर्टेमिस को खुश करने के लिए और समुद्र को शान्त करने के लिए, यूनानी सेनापति अगामेमनन को अपनी कुँआरी पुत्री इफ़िजीनिया की बलि चढ़ानी पड़ी थी। आर्टेमिस के पिता, ज़्यूस ने एक बार उसके कई स्त्री साथियों में से एक, केलिस्टो को फुसलाने के लिए अपनी बेटी आर्टेमिस का रूप धारण कर लिया था। पिता की इस हरकत से आर्टेमिस इतनी क्रोधित हो उठी कि उसने केलिस्टो को एक मादा भालू में परिवर्तित कर दिया। आर्टेमिस से ही प्रेरित हुई स्त्रियों के एमेज़ॉन नामक कबीले की किंवदन्ती, जिसके अनुसार उच्च कोटि की तीरंदाज बनने के लिए वे अपना एक स्तन कटवा देती थीं। ये स्त्रियाँ सिर्फ प्रजनन के लिए ही पुरुषों के साथ को महत्त्व देती थीं और अपने पुत्रों को त्याग देती थीं, क्योंकि उनके राज्य में सिर्फ स्त्रियों का ही स्थान था।

रोमवासियों की डायना या यूनानियों की आर्टेमिस को शिकार की देवी माना जाता था, जिसे स्त्री योद्धाओं का एमेजॉन नामक कबीला बहुत प्रेम करता था

ईरानी पौराणिक कथाओं के माध्यम से हम अहिरमन नामक शैतान से परिचित होते हैं जिसने अपने साथ गुदा मैथुन किया था, जिसके परिणामस्वरूप भूत-प्रेतों के एक पूरे समूह का जन्म हुआ था। इस विचार का निकट पूर्व में उभरी बाइबल की पौराणिक कथाओं पर बहुत गहरा प्रभाव पड़ा जो इसके अतिरिक्त, पड़ोसी मेसोपोटामिया (बाढ़ और शिलालेखों का विचार) और मिस्र (ख़तने का विचार) की पौराणिक कथाओं से भी बहुत प्रभावित हुईं। बाइबल की पुरा-कथाएँ यहूदी धर्म, ईसाई धर्म और इस्लाम का आधार मानी जाती हैं और ये स्पष्ट रूप से विपरीत लिंगी वेशधारण से ले कर समलैंगिकता तक किन्नरता की निन्दा करती हैं।

'बाइबल' की विचारधारा को मानने वाला ईसाई धर्म एकेश्वरवादी है और वह जीवन के सिर्फ एक ही तरीके का अनुसरण करता है। वह 'चुने हुए लोगों' का ज़िक्र करता है। यहाँ ईश्वर को दण्ड देने वाली सत्ता के रूप में प्रस्तुत किया गया है जो उपयुक्त आचरण के लिए आदेश लागू करता है लेकिन वह अवज्ञाकारी बच्चों को सदैव क्षमा करने को तैयार रहता है जो लौट कर 'चुने हुए लोगों' में वापस आ जाते हैं। जब पैगम्बर लूत ('बाइबल' में वर्णित लोत का इस्लामी नाम) सोदोम और

गॉमोरा नामक शहरों को सुधारने के अपने उद्देश्य में विफल रहते हैं, जिन शहरों के यौन व्यवहार को ईश्वर स्वीकार नहीं करता तब वह उन्हें नष्ट कर देता है।

ईसाइयों के धर्मग्रन्थ 'बाइबल' के 'न्यू टेस्टामेन्ट' में, 'बाइबल' का, अत्यधिक अपेक्षाएँ रखने वाला, ईश्वर स्नेही और ध्यान रखने वाले पिता में बदल जाता है, लेकिन आम तौर पर किन्नर को इस प्यार से दूर रखा गया है। किन्नर आन्दोलनकारियों का दावा है कि ऐसा हमेशा से नहीं था और वे ईसाई चर्च यानी ईसाई धर्म-व्यवस्था के आरम्भिक दौर की ओर इशारा करते हुए कहते हैं कि वह पुरुषों के बीच प्रबल और शायद अन्तरंग सम्बन्धों के बारे में असहज नहीं थी। मसलन तीसरी शताब्दी में सर्जियस और बैकस जैसे पुरुष जो धर्म के लिए शहीद होने वाले रोमन सैनिक थे और बाद में सन्त घोषित कर दिए गए थे। वे उम्रदराज़ शहीद सेंट सेबैस्तियन के विचित्र मामले की ओर इशारा करते हैं जिनकी पुनर्कल्पना

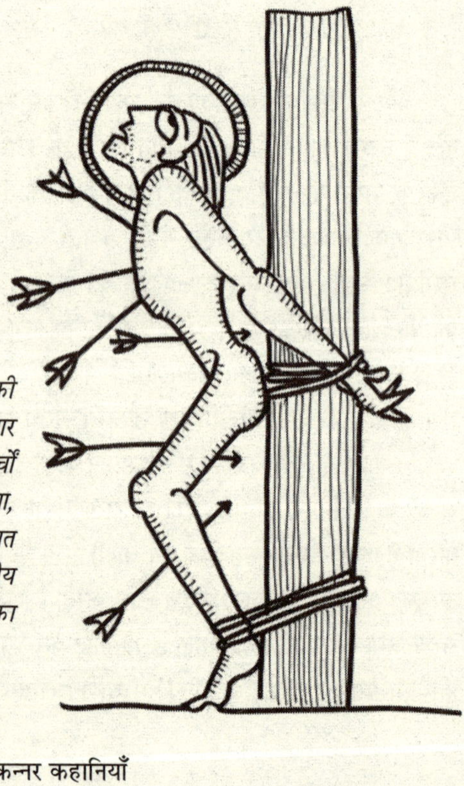

सेबैस्तियन को रोमन सम्राट की अपेक्षा ईश्वर को चुनने के लिए मार दिए जाने पर आरम्भिक ईसाई चर्चों द्वारा शहीद घोषित किया गया था, लेकिन पीड़ा में उनकी युवकोचित छवि ने उन्हें बीसवीं सदी में यूरोपीय और अमरीकी समलैंगिकों का प्रतीक-पुरुष बना दिया

मध्ययुगीन चित्रों में एक सुन्दर युवक के रूप में की गई थी जो तीरों से छलनी कर दिया गया था जिसके नतीजे के तौर पर 20वीं शताब्दी में वे समलैंगिकों के प्रतीक-पुरुष बन गए।

निष्पक्ष रूप से कहें तो ब्रह्मचर्य के महत्त्व के बढ़ने और सभी संस्कृतियों में आश्रमों और मठों की व्यवस्था के उदय के साथ ही यौन व्यवहार को आम तौर पर और समलैंगिकता को विशेष रूप से नीची नज़र से देखा जाने लगा था और उससे समाज में बेचैनी महसूस की जाने लगी थी।

आश्रम व्यवस्था के आदर्शों ने स्त्रियों से शारीरिक दूरी बनाने और उन्हें स्वीकार न करने, उनकी गतिविधियों को सीमित करने और उन्हें पर्दे के पीछे और अन्तःपुर के एकान्त में रखने की प्रवृति को बल दिया। वह बौद्ध धर्म में कामवासना का दानव कहलाने वाले मार की पुत्री बन गई जिस धर्म के संस्थापक, शाक्य वंश के गौतम ने जीवन के दुःखों और कष्टों का कारण जानने की तलाश में अपनी पत्नी और अपने बच्चे को त्याग दिया था। अनुशासन की नियमावली, विनय-पिटक के अनुसार, जिसका श्रेय स्वयं बुद्ध को दिया जाता है, पुरुष भिक्षु बन सकते हैं। आरम्भ में थोड़ी बहुत हिचकिचाहट के साथ यह आज्ञा स्त्रियों को भी दी गई है, लेकिन उभय-लिंगी (hermaphrodite) (पाली भाषा में उभतोव्यंजनक) और निष्क्रिय स्त्रैण समलैंगिकों (पाली भाषा में पंडक) को आज्ञा नहीं है कि वे भिक्षु बन सकें। इसके पीछे यह डर है कि उनकी 'अत्यधिक' यौनेच्छा भिक्षुओं को उनके धम्म (धर्म) के मार्ग से विचलित कर सकती है, जो मठ अथवा संघ की बदनामी का कारण बन सकता है।

जैन परम्पराओं में, जो भारत में बौद्ध धर्म से पूर्व श्रमण अथवा संन्यास के एक अन्य मार्ग के रूप में अस्तित्व में आया था, यह कथा मिलती है कि किस प्रकार पिछले जन्म के अच्छे कर्म एक राजा को अगले जन्म में एक संन्यासी बना देते हैं, लेकिन उसके अवगुण उसे एक स्त्री के रूप में पुनर्जन्म लेने को बाध्य कर देते हैं और मल्लिनाथ जैसे सन्त एक मात्र स्त्री तीर्थंकर बन जाते हैं। अनुशासन में अपेक्षाकृत अधिक कठोर दिगम्बर सम्प्रदाय श्वेताम्बर सम्प्रदाय की इस कहानी को ख़ारिज करता है और वह मल्लिनाथ को एक पुरुष के रूप में देखना पसन्द करता है। दिगम्बर सम्प्रदाय मल्लिनाथ की नारी प्रकृति के सिलसिले में उनके सिर्फ एक प्रतीक को

स्त्री तीर्थंकर मल्लिनाथ को छोड़कर सभी जैन तीर्थंकर पुरुष हैं। कुछ कथाओं के अनुसार, पिछले जन्म के अवगुणों के कारण उन्हें स्त्री के रूप में दूसरा जन्म मिला था।

मान्यता देता है और वह है 'घट' अर्थात् पात्र, जो 'गर्भ' का सार्वभौमिक प्रतीक है।

यूरोप में, जीवन के प्रति आश्रम व्यवस्था सम्बन्धी दृष्टिकोण, जिसकी जड़ें समग्र रूप से सम्भवत: पूर्व (भारत ?) में मानी जाती हैं, बाइबल के वैश्विक नज़रिये के साथ मिल कर एक प्रबल शक्ति बन गया। इसने साम्राज्यवादी शक्तियों के समर्थन से और उन्हें समर्थन देते हुए 'ज्ञान के युग में' एशिया, अफ्रीका और अमरीका में औपनिवेशिक व्यवस्था की नींव रखी। यह शक्ति आज भी हमारी ज़िन्दगियों को प्रभावित कर रही है।

पूर्वी जगत के अधिकांश मत, जिन्होंने कभी स्वयं को 'धर्म' अथवा 'संस्थाएँ' नहीं माना, अब स्वयं को ज़बरदस्ती 'धर्मग्रन्थों, ईश्वरीय आज्ञाओं और चर्च' के ढाँचे में बैठाने के लिए बाध्य कर रहे हैं, क्योंकि वे आधुनिक युग की माँगों को पूरा करना चाहते हैं। यही प्रवृत्ति हम नव-बौद्ध धर्म, वैश्विक सिख धर्म और राजनीतिक हिन्दू धर्म में भी देखते हैं। राष्ट्र, वे चाहे धर्म निरपेक्ष हों अथवा कुछ और, संविधान और कानून को बहुत ज़्यादा महत्त्व देते हैं जो आदेशों का रूप ले लेते हैं। यहाँ ईश्वर का

स्थान 'जनता' ले लेती है जो लोकतांत्रिक प्रक्रियाओं के माध्यम से अपनी इच्छाओं को ज़ाहिर करती है। इस व्यवस्था में बाइबल के पैगम्बर की भूमिका न्यायपालिका निभाती है जो राजनेताओं के क्रिया-कलाप पर अपनी पैनी नज़र रखती है जो अक्सर बाइबल के राजाओं की-सी गलतियाँ करते हैं। सभी मतावलंबियों की तरह, जो अपने प्रचलित मिथकों पर कतई संदेह नहीं करते, हर कोई कायल है कि समाज को संगठित करने के काम में 'सबके लिए एक ही कानून' का दृष्टिकोण सबसे 'विवेकसम्मत' व्यवस्था है।

ईसाई धर्म की पौराणिक कथाएँ यूरोप में मोटे तौर पर यूनानी पौराणिक कथाओं पर लगभग 1500 वर्ष पहले तब हावी हुई थीं, जब रोम के राजा ने ईसाई धर्म को अपनाया था। तब कई शक्तिशाली यूनानी देवताओं को ईसाई धर्म के एक ईश्वर पर तरजीह देते हुए नकार दिया गया था। लेकिन 500 वर्ष पूर्व, यूनानी पौराणिक कथाओं ने पुनर्जागरण के दौर में एक बार फिर वापसी की, लेकिन इस बार यूनानी देवताओं ने नहीं, बल्कि यूनानी नायकों ने, जिन्होंने सत्ताधारियों के सामने दब कर रहने से मना कर दिया था। इस परिवर्तन ने ईश्वर को, यहाँ तक कि अन्तत: 'जनता' को भी प्रश्नों के कठघरे में खड़ा कर दिया। इससे मार्क्स को वर्गहीन समाज की स्थापना पर लिखने की प्रेरणा मिली जिसमें मार्क्सवाद मानता है कि समाज का साधन सम्पन्न वर्ग, जिसे शोषक वर्ग भी कहा गया है, समाज के अन्य वर्गों की अपेक्षा ज़्यादा अधिकार हथिया लेता है और उस वर्ग के लोग अपने आप को देवता, अभिजात वर्ग और शासक वर्ग घोषित कर देते हैं। मार्क्स ने एक वर्गहीन समानतावादी दुनिया की बात की।

मार्क्स की इस विचारधारा ने अन्य कई विचारों को हवा दी। औरतें पुरुषों के विशेषाधिकारों पर प्रश्न उठाने लगीं; इस तरह पितृसत्ता को चुनौती मिली और दुनिया में नारीवाद पैदा हुआ। भारत में 'अछूतों' ने ब्राह्मणों की विशेष अवस्था पर सवाल खड़े कर दिए। हर ओर अल्पसंख्यकों ने बहुसंख्यकों को मिलने वाले विशेष लाभों पर प्रश्नचिह्न लगा दिए। किन्नर—जो शब्द किसी छतरी की तरह समलैंगिकों (गे, gay लोगों), समलैंगिक स्त्रियों (लेज़्बियन, lesbian), द्वि-लिंगकामी व्यक्तियों (बाइ-सेक्सुअल, bi-sexual), विपरीत लिंगियों (ट्रान्सजेन्डर्स) और एक लिंग की ओर विकसित होते-होते सहसा दूसरे लिंग की ओर विकसित होने वाले व्यक्तियों

अर्थात् अन्तर्लिंगियों (इंटरसेक्स्ड पीपल, intersexed people), विपरीत-लिंगी वेशधारकों (क्रॉस-ड्रेसर्स, cross-dressers), हिजड़ों, इत्यादि को अपने नीचे समेट लेता है—जो पुरुष या स्त्री की बँधी-बँधाई परिभाषाओं के दायरे में कहीं नहीं अटते, अपनी पहचान की पुष्टि करने और दूसरों के हित के लिए अपनी पहचान छिपाने से इनकार करने लगे और अपनी अलग पहचान बनाने के लिए सार्वजनिक रूप से प्रदर्शन करने लगे। दुनिया हमेशा के लिए बदल गई। यह वही दुनिया है, जिसमें अब हम रह रहे हैं।

हिन्दू कथाओं, प्रतीकों और कर्मकाण्डों में किन्नर विचारों का गुणगान और उनकी स्वीकृति भारतीय समाज में व्याप्त उस अज्ञानता और रूढ़िवादिता के बिल्कुल विपरीत है जो हमें दिखाई देती है। कुछ लोग ब्रिटिश शासकों को ज़िम्मेदार ठहराते हैं कि उन्होंने भारतीयों में इतनी हीन भावना पैदा की कि वे इतना 'स्त्रैण' हैं; साथ ही उन्होंने हिजड़ों या हर ऐसे समलैंगिक समुदाय को अपराधियों की कोटि में डाल दिया जो 'सोडोमी' में लिप्त हैं (किन्नरता के लिए प्रयुक्त 'बाइबल' का एक शब्द, जो सोडोम के प्राचीन शहर में प्रचलित था)। दूसरे लोग इसका दोष मुस्लिमों पर डालते हैं, विशेषतया उन विशिष्ट परम्पराओं पर जो ऐन्द्रिक कलाओं के सभी रूपों पर नाक-भौं चढ़ाते हैं। और कुछ अन्य लोग बौद्ध विहारों और हिन्दू आश्रम परम्पराओं को ज़िम्मेदार ठहराते हैं, जो भोग से अधिक योग (संयम) के पक्षधर हैं।

बीसवीं सदी में जब आख़िरकार भारत ने राजनैतिक स्वाधीनता प्राप्त कर ली, तो भारतीय गणराज्य के संस्थापकों ने भी, जो ज़्यादातर वकील थे और भोग से ज़्यादा योग को महत्त्व देते थे, जाति, भाषा और धार्मिक भेदभाव पर विचार किए बिना, सभी पुरुषों और स्त्रियों को अधिकार दिए। लेकिन किन्नरों को नहीं। भारतीय अदालतों ने हमेशा धर्मनिरपेक्षता और मानव अधिकारों का समर्थन किया है, लेकिन यह कृपा किन्नरों पर नहीं दिखाई।

कई हिन्दू बड़ी सरलता से इसकी ज़िम्मेदारी कलियुग पर डाल देते हैं, कलियुग यानी अंधकार का युग, जब बुद्धि क्षीण हो जाती है। हम 'बाइबल' की

हर-हरि, हर (शिव) और हरि (विष्णु) की संयुक्त छवि, एक साथ जुड़े दो पुरुष देवताओं के रूप में देखी जा सकती है, जिन्होंने मिल कर एक बालक उत्पन्न किया जिसे हर-हरि-सुत कहा गया, या उन्हें दो प्रतिद्वंद्वी सम्प्रदायों—वैष्णव और शैव—के मिलन के रूप में या ऋषि के मार्ग (योग) और गृहस्थ के मार्ग (भोग) के संयोग के रूप में देखा जा सकता है।

पौराणिक कथाओं पर आधारित नागरिक संस्थाओं और राजनीतिक विचारधाराओं से इससे ज़्यादा की कुछ उम्मीद कर भी नहीं सकते। लेकिन आन्दोलनकारी स्थितियों के आगे हथियार डालने में विश्वास नहीं करते; जैसा कि प्राचीन काल की यूनानी और बाइबल सम्बन्धी परम्पराओं के साथ हुआ, सत्ता को चुनौती दी जाती है और शहादत को गले लगाया जाता है।

हिन्दू पौराणिक कथाओं में न तो बाइबल सम्बन्धी ढाँचे को स्वीकार किया जाता है, जिसमें कानून मानवता के सभी दुखों का हल है, और न ही यह उत्पीड़क और उत्पीड़ित के यूनानी स्वरूप को समर्थन देता है। जीवन कोई समस्या नहीं है,

जिसे हल करना है। जीवन एक देखने और चिन्तन करने योग्य दृश्य है ताकि हम अपने आप को वास्तविक रूप में देख सकें और अन्ततः इस संसार में किसी प्रकार के परिवर्तन की इच्छा के बिना आनन्द पाने के लिए अपने को तैयार कर सकें। इसी कारण भारत में 'दर्शन', अर्थात देखने की क्रिया को विशेष मान दिया गया है।

दर्शन बताता है कि मौत का डर प्रकृति में रचा-बसा है। भय हमें सम्भावित शिकारियों से दूर करता है। भय हममें वर्चस्व प्राप्त करने और भेदभाव करने, अन्तर करने की इच्छा पैदा करता है। सिर्फ मनुष्य ही ऐसा प्राणी है जिसके पास इस डर से निकल जाने की शक्ति है, प्यार को खोजने की शक्ति है और अजनबी के साथ भी जुड़ पाने की शक्ति है। धर्म ही यह सम्भव बनाता है। लेकिन मनुष्य की कल्पना अक्सर भय को बढ़ाती है। जैसे ही हम शिकारियों को खोज लेते हैं और उन्हें तर्कसंगत ढंग से बहिष्कृत करने के लिए ढाँचों और श्रेणियों का निर्माण करते हैं, भय हमारे मस्तिष्क को कुंद और संसार के प्रति हमारे दृष्टिकोण को संकुचित कर देता है। यह अधर्म है। अधर्म के कार्यों के प्रति आक्रोश नहीं, करुणा उत्पन्न होनी चाहिये, क्योंकि अधर्म की जड़ें काल्पनिक भय में होती हैं। क्रोध सिर्फ भय को बढ़ाता है; उसे सिर्फ प्रेम से ही खत्म किया जा सकता है।

उत्पीड़क और उत्पीड़ित पर ध्यान केन्द्रित करने और इस संसार में बदलाव लाने के लिए क्रान्ति का समर्थन करने की अपेक्षा हिन्दू पौराणिक कथाएँ इस बात पर केन्द्रित हैं कि हम इस संसार को किस नज़रिये से देखते हैं अर्थात क्या देखा और क्या अनदेखा रह गया और ऐसा क्यों हुआ कि कुछ तो हम देख पाए और कुछ देखने से छूट गया। कोई भी कानून या कोई भी मत आपको अपना दृष्टिकोण व्यापक करने के लिए मजबूर नहीं कर सकता, क्योंकि यह महज दबे हुए असंतोष को भड़काता है। लेकिन प्रत्येक व्यक्ति को दूसरों के सत्य को देखने से इनकार करने के कर्मफल के प्रति सचेत किया जाता है—वह जाल है जो हमें परमानन्द से वंचित रखता है। क्योंकि हर चुनाव का—यहाँ तक कि अपने नजरिये से किए गए उचित चुनाव का भी—कर्मफल होता है। पश्चिम इस दृष्टिकोण को निष्क्रिय या दब्बू मान कर इसका उपहास उड़ाता रहा है, क्योंकि उसने सिर्फ बाहरी दुनिया (समाज) में परिवर्तन को महत्त्व दिया है और आन्तरिक दुनिया (मन) पर होने वाले सभी प्रभावों को अनदेखा किया है।

अधिकांश पौराणिक कथाएँ, चाहे वे यूनानी हों, बाइबल सम्बन्धी या चीनी, नियमों और अनुष्ठानों को तलाशती हैं जो मनुष्य को अपना एकमात्र जीवन धर्मसंगत ढंग से बिताने में सक्षम बना सकें। लेकिन हिन्दू पौराणिक कथाएँ पुनर्जन्म पर आधारित हैं; हमारा सिर्फ यही जन्म नहीं है। हमारे कृत्य हमारे कर्मों के प्रभाव से प्रेरित होते हैं; सभी पर एक ही नियम लागू नहीं किया जा सकता। नियमों और अनुष्ठानों का उद्देश्य तो मानवता को नियन्त्रित करना नहीं है, बल्कि इसका उद्देश्य है मानवता को विविधता का सामना करने में सक्षम बनाना, जिसमें किन्नरता भी शामिल है।

जब हिन्दू कथाओं, प्रतीकों और अनुष्ठानों में किन्नरता की ओर इशारा किया जाता है (जैसे 'कृष्ण अपने केशों को स्त्री की चोटी की तरह क्यों गूँथते हैं और औरतों की तरह नाक में नथ क्यों पहनते हैं? देवी जब रणभूमि में शेर पर सवार हो कर जाती है तो वह क्यों योद्धा की मर्दाना भूमिका अपनाती है और एक स्त्री संगी को अपने साथ रखती है? क्यों शिव अर्द्ध-नारीश्वर हैं जबकि शक्ति अर्द्ध पुरुष क्यों नहीं है?') तब अक्सर आध्यात्मिक दृष्टि से इन विषयों की व्याख्या की जाती है, उन्हें समझाया जाता है। पूछ-ताछ करने, प्रश्न करने और दृष्टिकोण को व्यापक बनाने के लिए कोई प्रयास नहीं किया जाता। इस प्रकार किन्नरता को अदृश्य

हिन्दू मंदिरों में, देवी की पूजा अक्सर एक योद्धा के रूप में की जाती है, जिसके साथ एक स्त्री साथी मौजूद रहती है जो उनकी सखी या बहन या बेटी हो सकती है।

बना दिया जाता है।

लेकिन हिजड़े, जो शायद भारत में किन्नर प्रवृत्ति की सबसे मुखर अभिव्यक्ति है, अदृश्य रहने से इनकार करते हैं। मुख्यधारा से उपेक्षित, अक्सर अपने ही परिवार द्वारा अस्वीकृत, लोकप्रिय मनोरंजन में हँसी-मज़ाक का विषय बनते हुए, वे भीड़-भरी जगहों पर ताली बजा कर सबका ध्यान अपनी ओर खींचते और देखे जाने की माँग करते हैं। हिजड़े सिर्फ लिंग ही नहीं, बल्कि धर्म की सीमाओं को भी चुनौती देते हैं, क्योंकि इसमें कोई असाधारण बात नहीं है कि कोई मुस्लिम नाम वाला हिजड़ा, फारसी (मुगल काल की दरबारी भाषा) के शब्द इस्तेमाल करते और सूफी पीरों के साथ-साथ हिन्दू देवियों की पूजा करते हुए मिल जाए।

इस पुस्तक की कहानियाँ हिजड़े की ताली की तरह हैं, एक न्योता—दर्शन

भारत के तीसरे लिंग अर्थात हिजड़े एक खास ढंग से ताली बजाते हैं ताकि यह सुनिश्चित हो कि दुनिया उनकी विलक्षणता, उनकी किन्नरता की अनदेखी न कर सके।

करने का, उन सभी चीज़ों को देखने-परखने का जिनकी खोज हुई और आविष्कार किया गया, उन सभी चीज़ों पर प्रश्न खड़ा करने का जो हमें असहज महसूस कराती हैं, यह सवाल करने का कि कौन तय करता है किसी प्रतीक को क्या होना चाहिए और क्या नहीं।

भारत में कहानियाँ कभी मौलिक नहीं होतीं, वे हमेशा दोबारा सुनाई गई हैं, सुनाई जाती हैं। मिसाल के लिए, जो 'गीता' हम आज पढ़ते हैं—कुरुक्षेत्र की रणभूमि

में अर्जुन को दिए गए कृष्ण के उपदेश का संजय द्वारा धृतराष्ट्र को सुनाया गया वर्णन—वह संस्कृत के महाकाव्य 'महाभारत' के 1,00,000 श्लोकों में से 700 श्लोकों वाले एक संवाद के आधुनिक अनुवाद की आधुनिक व्याख्या है। 'महाभारत' का लिखित रूप 2000 वर्ष पहले का है, जिसे सौति उग्रश्रवा ने उससे भी बहुत पहले नैमिष वन में शौनक को सुनाया था। उग्रश्रवा ने 'महाभारत' अपने पिता लोमहर्षण से सुनी थी और लोमहर्षण ने वैशम्पायन से, जिन्होंने उसे अपने गुरु व्यास से सुना था और उन्होंने इसे अपने लिपिबद्ध करने के लिए गणेश को सुनाया था। बार-बार कथा सुनाने पर इसके मूल स्वरूप में जो परिवर्तन होता है, हमें उसे स्वीकार करना चाहिए।

जो कहानियाँ हम सुनते हैं, उन पर कथा कहने वाले का असर भी पड़ता है। उदाहरण के लिए, शंकर, रामानुज और माधव, इन तीनों ब्राह्मण गुरुओं के 'गीता' पर भाष्य, जो संस्कृत में लिखे गए, ज्ञानेश्वर और तुकाराम की रचनाओं से काफी भिन्न हैं, जिन्हें ब्राह्मण समाज ने अस्वीकार कर दिया था क्योंकि उन्होंने इन कृतियों को देशज भाषा मराठी में लिखने का साहस किया था। मार्क्सवादी सोच के कोशाम्बी, कट्टरपंथी तिलक और शान्तिवादी गांधी के नज़रियों से देखें तो 'गीता' की बहुत अलग व्याख्याएँ सामने आती हैं। अगर एक औरत की नज़र से देखने पर निस्संदेह 'गीता' और भी भिन्न होगी, शायद वीरतापूर्ण से अधिक स्नेह-भरी? और किन्नरता के रुझान वाले व्यक्ति के दृष्टिकोण से 'गीता' को देखा जाए तो? क्या हम ऐसा सोचने की भी हिम्मत कर सकते हैं?

और इससे भी आगे, जो पाठक अन्त में कथा को सुनता है, वह भी कथा को प्रभावित करता है। उसके पास यह निष्कर्ष निकालने का अधिकार है कि 'गीता' समस्त मानव जाति के लिए धर्मनिरपेक्ष ज्ञान है या एक पुराना पितृसत्तात्मक ब्राह्मणवादी प्रचार, चाहे उसने प्रारूप पढ़ा हो।

इस पुस्तक के पाठक मुझ पर यह आरोप लगा सकते हैं कि इस पुस्तक में मैंने जिन कहानियों का पुनर्पाठ किया है, उनमें मैंने जान-बूझ कर किन्नरता का विषय उठाने, और इस तरह इन कहानियों को दूषित-विकृत किया है। मेरा ऐसा कोई इरादा नहीं है। यह पुस्तक कोई शास्त्रीय ग्रन्थ नहीं है जो कुछ साबित करने या किसी चीज़ का खण्डन करने की कोशिश कर रही है। यह हमारे पूर्वजों द्वारा कही

हुई कहानियों का उत्सव है, जिन्हें बिरले ही सार्वजनिक रूप से सुनाया जाता हो, क्योंकि ये मनुष्य के सामान्य व्यवहार की लोकप्रिय धारणाओं को चुनौती देती जान पड़ती हैं। राजनीतिक प्रचार पर मेरा कोई नियन्त्रण नहीं है। पाठक की अपनी धारणा पर भी मेरा कोई नियन्त्रण नहीं है। गन्दगी अन्ततः संस्कृति का आविष्कार है। इसके अतिरिक्त :

अनन्त पुराणों में छिपा है सनातन सत्य,
इसे पूर्णतः किसने देखा है ?
वरुण के हैं नयन हज़ार,
इन्द्र के सौ
आपके मेरे केवल दो।

- मनुष्य अर्थ-निर्माता जीव है। हम किसी भी चीज को प्रतीकों में बदल सकते हैं। प्रतीक किसी समुदाय की निजी भाषा होती है और संकेत के विपरीत, उस समुदाय के प्रसंगों के भीतर व्याख्या के अलग-अलग रूपों के लिए खुली होती है। उदाहरण के लिए, भारत के लोक साहित्य में अनाज को पीसने के लिए मूसल और ओखली को इस्तेमाल करने का विचार विपरीत-लिंगी यौन आकर्षण (हेटेरोसेक्सुऐलिटी, heterosexuality) के बराबर माना जा सकता है और अनाज पीसने के लिए चक्की का प्रयोग करने का विचार 'सफल' स्त्रियों के बीच समलैंगिक सम्बन्धों को इंगित करने के लिए किया जा सकता है। इससे तर्कसंगत अभिप्राय नहीं निकलते, लेकिन भाषा का उद्देश्य तर्कसंगत होना नहीं है। भाषा का उद्देश्य है जटिल भावनाओं को सम्प्रेषित करना, दूसरों तक पहुँचाना, जो वैज्ञानिकों, गणितज्ञों और धार्मिक नेताओं में काफी खीझ पैदा करते हुए, तर्क को चुनौती देती हैं।

- पौराणिक कथाएँ लोगों के व्यक्तिपरक सच का अध्ययन है जो कहानियों, प्रतीकों और कर्मकाण्डों में व्यक्त होता है। व्यक्तिपरक सच तार्किकता के प्रति उदासीन रहता है।

- पौराणिक कथाओं, प्रतीकों और रस्मों की व्याख्या पर व्याख्या करने वाले

के विश्वासों के अतिरिक्त इन व्याख्याओं को प्राप्त करने वालों के अपने विश्वासों का गहरा असर पड़ता है। तटस्थ व्याख्या जैसी कोई चीज़ नहीं होती।

- 'बाइबल' की पौराणिक कथाएँ, यूनानी पौराणिक कथाएँ, और साथ ही वैज्ञानिक सोच 'उस' सच और 'एक' कानून के मोह से ग्रस्त हैं जो समस्त मानवजाति पर समान रूप से लागू होता है। यह पश्चिमी विमर्श हिन्दू पौराणिक कथाओं की आधुनिक भारतीय व्याख्याओं का भी रूप-निर्धारण करता है।

- पारम्परिक भारतीय दर्शन पुनर्जन्म पर आधारित है, जहाँ हर कोई अनोखा है—अपने कर्मों के आवेगों की उपज है। इसका परिणाम विविधता के रूप में सामने आता है, सत्य और कानून से जुड़े मामलों में भी। हाँ, हिन्दू पौराणिक कथाओं में एक शाश्वत सत्य (परम सत्य) की धारणा हो सकती है, लेकिन कोई भी मनुष्य इसे प्राप्त नहीं कर सकता, क्योंकि सत्य असीम है और मस्तिष्क सीमित। आम तौर पर, मेरा सच या आपका सच एक सच के रूप में पेश किया जाता है जो वाद-विवाद को जन्म देता है। निर्णायकों को बुलाया जाता है लेकिन सबसे अच्छा निर्णय भी अन्ततः मानवीय पूर्वाग्रह का कार्य ही है। प्रकृति में अदालतें नहीं होतीं।

- विश्व भर के विश्वविद्यालयों में पढ़ाए जाने वाले और यूनानी पौराणिक कथाओं में जड़ें जमाए आधुनिक शैक्षिक विमर्श का रूप निर्धारण सन्देह और तर्क से होता है—वि-वाद से, जहाँ सत्य विजयी होगा। पारम्परिक भारतीय शास्त्रीयता, जिसे अब 'राष्ट्रवादियों' द्वारा भी पूरी तरह किनारे कर दिया गया है, विश्वास और विचार-विमर्श पर आधारित है सम-वाद पर। जिसमें आपका सत्य मेरे सत्य को समृद्ध करता है और मेरा सत्य आपके सत्य को और इस प्रकार हम दोनों के सत्य अनन्त की ओर बढ़ते हैं।

भाग 2

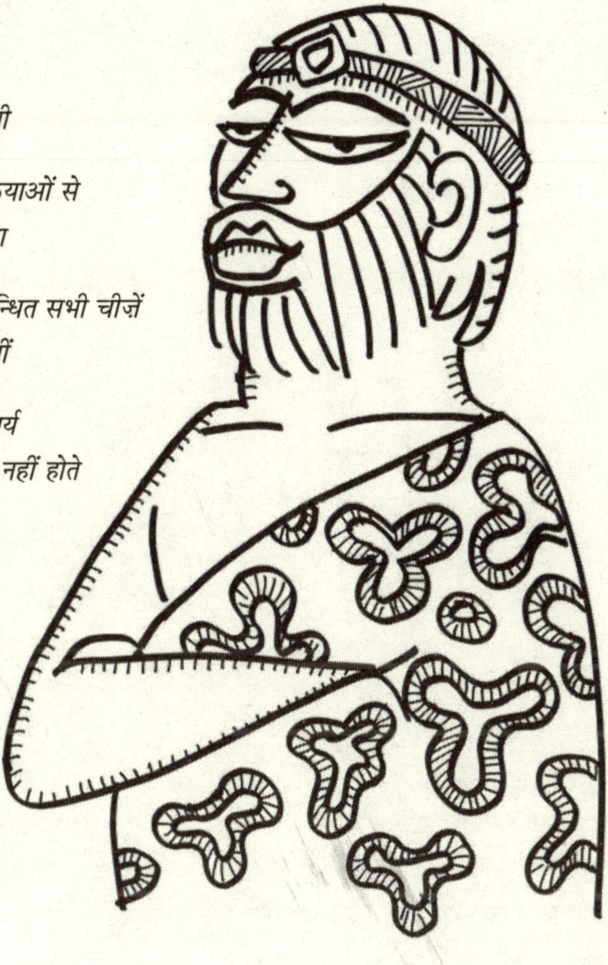

सारी किन्नरता
कामुक नहीं होती

सभी कामुक क्रियाओं से
प्रजनन नहीं होता

प्रजनन से सम्बन्धित सभी चीज़ें
रूमानी नहीं होतीं

सभी रूमानी कार्य
किन्नरता–रहित नहीं होते

1

शिखण्डी – जो अपनी पत्नी को सन्तुष्ट करने के लिए पुरुष बन गया

'महाभारत' से

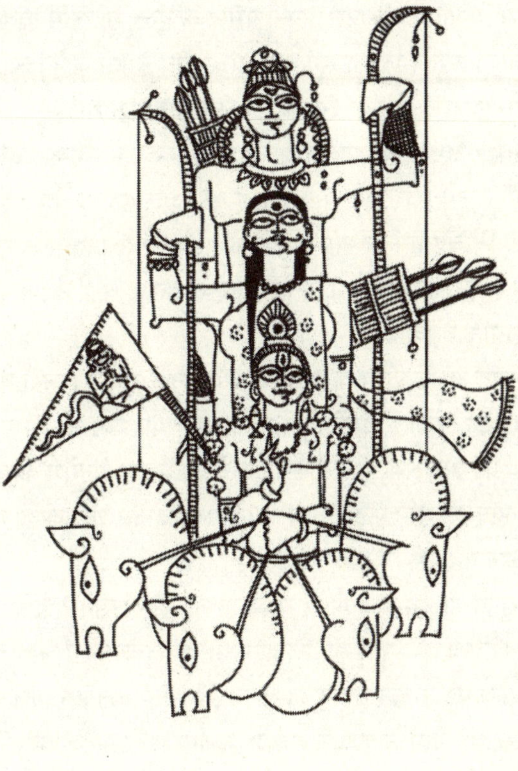

'महाभारत' की कथा के अनुसार, अम्बा नामक एक राजकुमारी ने शाल्व नाम के एक युवक को मन ही मन अपना पति मान लिया था और वह उससे विवाह करना चाहती थी। लेकिन, जिस दिन उसे अपने वर के रूप में उस युवक का वरण करना था, उसी दिन भीष्म नाम का एक योद्धा अम्बा और उसकी बहनों का अपहरण करके अपने राज्य हस्तिनापुर ले आया। भीष्म ने अम्बा को अपने सौतेले भाई विचित्रवीर्य से विवाह करने के लिए कहा। विचित्रवीर्य आयु में भीष्म से काफी छोटा और निर्बल था।

अम्बा ने विनती की कि उसे अपनी पसन्द के पुरुष शाल्व से विवाह रचाने की अनुमति दी जाए। उसकी विनती सुन कर विचित्रवीर्य ने उसे जाने दिया, क्योंकि दो पत्नियों को सन्तुष्ट रख पाने का विचार काफी कष्टदायक था।

दुर्भाग्यवश, अम्बा को शाल्व ने अपनी पत्नी के रूप में स्वीकार करने से इनकार कर दिया क्योंकि उसे एक परपुरुष ने छू लिया था और वह कलंकित हो चुकी थी। इसलिए अम्बा विचित्रवीर्य के पास लौट आई। इधर, विचित्रवीर्य ने भी अम्बा को स्वीकार करने से इनकार कर दिया, क्योंकि उसका कहना था, ''दिया गया 'उपहार' वापस नहीं लिया जा सकता।''

उसके बाद अम्बा भीष्म के पास गई और उनके सामने विनती की कि चूँकि उन्होंने उसका हरण किया है, इसलिए वे ही उससे विवाह कर लें। भीष्म ने कहा कि उन्होंने ब्रह्मचर्य का व्रत लिया हुआ है, इसलिए वे उसके इस अनुरोध को स्वीकार नहीं कर सकते। उन्होंने अम्बा से कहा, ''तुम अपने पिता के पास लौट जाओ या इस महल में एक दासी बन कर रहो।''

इतना सुनते ही अम्बा आपे से बाहर हो गई और उसने युद्ध के देवता और मानवहन्ता, कार्तिकेय की स्तुति की, जिन्होंने उसे कमल के फूलों की एक माला दी। उस माला के साथ यह वरदान जुड़ा हुआ था कि जो भी व्यक्ति उस माला को स्वीकार करेगा, उसी के हाथों भीष्म का वध हो सकेगा। दुर्भाग्यवश, इस दैवी वरदान के बावजूद धरती पर उस माला को किसी ने स्वीकार न किया।

जब पांचाल के शक्तिशाली नरेश द्रुपद ने भी अम्बा की ओर से मुँह मोड़ लिया, तो निराश होकर अम्बा ने वह माला फेंक दी और वह माला द्रुपद के महल के एक

स्तम्भ पर जा गिरी और उसी पर लटक गई।

फिर अम्बा ऋषि परशुराम के पास गई, जो युद्धकला में पारंगत थे। उनके बारे में यह भी प्रसिद्ध था कि उन्हें योद्धाओं से घृणा थी। अम्बा ने परशुराम को अपनी व्यथा सुना कर उनका सहयोग माँगा और उनसे निवेदन किया कि वे भीष्म को दण्ड दें, जिन्होंने उसका जीवन नष्ट करके रख दिया था। परशुराम ने अपनी ओर से हर सम्भव कोशिश की लेकिन असफल रहे। उन्होंने अम्बा से कहा,"भीष्म को ब्रह्मचर्य के व्रत से यह शक्ति प्राप्त है कि वे अपनी मृत्यु का समय स्वयं निश्चित कर सकते हैं, इसलिए मैं उन्हें हराने में असमर्थ हूँ।"

हताश हो कर अम्बा ने शिव का आह्वान किया, जो संहारक माने जाते हैं। अम्बा की कठोर तपस्या से प्रसन्न होकर शिव प्रकट हुए और उसे वर देते हुए संकेत में बताया कि वह भीष्म की मौत का कारण बनेगी, लेकिन इस जन्म में नहीं, बल्कि अगले जन्म में। जल्दी से दूसरा जन्म लेने के लिए अम्बा ने अग्नि में छलांग लगा कर अपनी जीवन लीला को समाप्त कर लिया।

अगले जन्म में अम्बा ने राजा द्रुपद की पुत्री के रूप में जन्म लिया। लेकिन द्रुपद को पुत्र की चाह थी और शिव ने उन्हें ऐसा वर भी दिया था। द्रुपद आश्वस्त थे कि भगवान शिव का वचन कभी झूठा नहीं हो सकता, इसलिए द्रुपद ने दृढ़तापूर्वक कहा कि यह कन्या उनका पुत्र ही है और उन्होंने आदेश दिया कि उसका लालन-पालन पुत्र ही की तरह किया जाए।

उस कन्या का नाम शिखण्डी रखा गया और उसे सभी पुरुषोचित कौशल सिखाए गए। वह इसी विश्वास के साथ बड़ी हुई। वह एक योद्धा थी। उसका विवाह भी करवा दिया गया। लेकिन विवाह की रात, जब नववधू को यह पता चला कि उसका पति पुरुष नहीं, स्त्री है, शिखण्डी न हो कर शिखण्डिनी है, तो वह क्षुब्ध होकर अपने पिता के घर लौट गई।

जब कन्या के पिता, दशार्ण के राजा हिरण्यवर्ण को इस रहस्य का पता चला, तो उन्होंने इस अपमान का बदला लेने का दृढ़ संकल्प कर लिया और अपनी सेना लेकर पांचाल पर हमला करने की घोषणा कर दी। द्रुपद जानते थे कि अपना राज्य बचाने का एक ही रास्ता था कि वे प्रमाणित कर दें कि उनका पुत्र वास्तव में स्त्री नहीं, बल्कि पुरुष था। उन्हें यह भी पता था कि यह प्रमाणित करना असम्भव था।

जीवन में पहली बार अपने स्त्रीत्व का सामना करने पर शिखण्डी इस मुसीबत के लिए खुद को ज़िम्मेदार ठहरा रही थी। अपने आप को समाप्त करने का संकल्प करके, वह वन को चली गई। लेकिन वहाँ स्थूण नामक एक यक्ष ने उसे बचा लिया। लेकिन उसने जिसे बचाया, वह पुरुष था या स्त्री ? हालाँकि उसके विचार पुरुषों जैसे थे और वह अपने आपको पुरुष जैसा ही महसूस करती थी और उसके साथ पुरुष जैसा ही व्यवहार किया जाता था, लेकिन उसका शरीर निश्चित रूप से पुरुष का नहीं था।

शिखण्डी की कथा सुन कर उस यक्ष ने उसे एक रात के लिए अपना पुरुषत्व उधार दे दिया। यह सामर्थ्य पाकर शिखण्डी किसी को भी, जो परखना चाहता, अपना पुरुषत्व प्रमाणित करके दिखा सकता था। राजा हिरण्यवर्ण ने उसे परखने के लिए अपने राज्य की गणिकाओं (वेश्याओं) को उसके पास भेजा जिन्होंने आकर सन्तोषजनक जानकारी दी कि शिखण्डी पुरुष था। तब राजा हिरण्यवर्ण ने यह निष्कर्ष निकाला कि शायद उनकी पुत्री से भूल हुई है। उन्होंने राजा द्रुपद से क्षमा माँगी और अपनी कन्या को वापस भिजवा दिया। तब शिखण्डी ने अपने पति धर्म का पालन करते हुए अपनी नवविवाहित पत्नी को सन्तुष्ट किया।

यक्षों के राजा कुबेर, स्थूण से बहुत नाराज़ थे कि उसने अपना पौरुष शिखण्डी को उधार दे दिया था। उनके अनुसार, इस तरह की बातें नहीं होनी चाहिएँ । लेकिन जब शिखण्डी अपने वचन को निभाते हुए, यक्ष से उधार लिया हुआ अंग लौटाने के लिए पहुँचा, तो कुबेर उसकी निष्ठा से इतने प्रसन्न हुए कि उन्होंने शिखण्डी को आजीवन यक्ष का वह पौरुष अपने पास रखने की अनुमति प्रदान कर दी। यह शक्ति अब शिखण्डी की मृत्यु के बाद ही स्थूण को वापस मिलने वाली थी।

राजा द्रुपद प्रसन्न थे कि आख़िरकार उन्हें एक पुत्र प्राप्त हो ही गया था, लेकिन तभी उनके आश्चर्य का ठिकाना नहीं रहा, जब शिखण्डी ने खेल-खेल में अचानक ही अम्बा की कमल के फूलों की वह माला उठा कर अपने गले में डाल ली, जो वर्षों से द्रुपद के महल के स्तम्भ से लटकी हुई थी। "यह तो भीष्म को मारेगा," द्रुपद ने दुख से कराहते हुए कहा, "लेकिन मुझे एक पुत्र की चाह है जो द्रोण का वध करे।"

द्रोण कुरु राजकुमारों के गुरु थे और कुरु राजकुमार विचित्रवीर्य के पौत्र थे। इनमें पाण्डु पुत्र पाँच पाण्डव और धृतराष्ट्र के सौ पुत्र कौरव शामिल थे। भीष्म ने द्रोण

को कुरु राजकुमारों को उचित प्रशिक्षण देने को कहा और गुरु–दक्षिणा के रूप में गुरु द्रोण ने कुरु राजकुमारों से पांचाल का आधा राज्य माँगा। इसलिए कठोर प्रशिक्षण के खत्म होने पर कुरुओं ने द्रुपद के राज्य पर चढ़ाई कर दी और अपने गुरु द्रोण के लिए आधे राज्य पर अपना अधिकार जमा लिया।

द्रुपद को ऐसे पुत्र की चाह थी जो बड़ा होने पर द्रोण का वध करे और ऐसी कन्या चाहते थे जो कुरु कुल को बाँट दे, जिसने द्रोण का समर्थन किया था। शिखण्डी इन दोनों में से कोई भी नहीं हो सकता था। उसका होना निरर्थक था। इसलिए द्रुपद ने मनोवांछित सन्तान पाने के लिए एक यज्ञ का आयोजन किया। उस यज्ञ की अग्नि से द्रौपदी उत्पन्न हुई, एक सम्पूर्ण नारी, और साथ ही धृष्टद्युम्न का जन्म हुआ, एक सम्पूर्ण पुरुष।

द्रौपदी पाँच पाण्डव भाइयों की साझा पत्नी बनी। जब कौरवों ने हस्तिनापुर में उनके साथ साझा करने से इनकार कर दिया और अपना अलग हिस्सा माँगा। तब भीष्म ने पाण्डवों को खाण्डवप्रस्थ का वन दे दिया जिस पर पाण्डवों ने बहुत ही मनोरम शहर इन्द्रप्रस्थ का निर्माण किया। जो पुराने नगर हस्तिनापुर की टक्कर का था। इस प्रकार द्रुपद की पुत्री ने अपने पिता की इच्छा को पूरा किया।

कौरवों का स्वभाव बहुत द्वेषपूर्ण और कुटिल था। एक दिन, उन्होंने पाण्डवों को पाँसों का खेल खेलने का न्योता दिया। इस खेल के दौरान पाण्डव अपना सब कुछ हार गए। उन्होंने लालच में अपना राज्य तक दाँव पर लगा दिया और अपनी मूर्खता के कारण अपना राजपाट भी हार बैठे। अब तेरह वर्ष के वनवास के बाद ही उन्हें अपना राजपाट वापस मिल सकता था।

जब पाण्डव वनवास के बाद लौट कर आए, तो कौरवों ने उन्हें इन्द्रप्रस्थ का 'सुई की नोक के बराबर' हिस्सा भी देने से इनकार कर दिया। अब पाण्डवों के लिए अपना हिस्सा प्राप्त करने का सिर्फ एक ही रास्ता बचा था—युद्ध की घोषणा। द्रुपद को मालूम था कि द्रोण कौरवों के पक्ष में रहेंगे इसलिए उन्होंने अपनी सेना से पाण्डवों को सहायता देने की पेशकश की, जिसका नेतृत्व धृष्टद्युम्न कर रहा था। ऐसा करके द्रुपद ने अपने पुत्र को अपनी इच्छा पूरा करने का अवसर दे दिया।

दुर्भाग्य से, नौ दिन की लड़ाई के बाद भी कौरवों और पाण्डवों के बीच चलने वाले इस युद्ध का कोई नतीजा नहीं निकला। कौरवों की सेना का नेतृत्व भीष्म के

हाथों में था। भीष्म बूढ़े होने पर भी युद्ध में दुर्जेय शक्ति थे। ''मेरे बच्चो! जब तक मेरे हाथ में धनुष है, कोई बाण मेरे पास से होकर गुज़र भी नहीं सकता। और इसके अतिरिक्त, मुझे कोई नहीं मार सकता, क्योंकि मुझे इच्छामृत्यु का वर मिला है,'' भीष्म ने कहा।

भीष्म की इस घोषणा से कृष्ण को वह संकेत प्राप्त हो गया था जिसकी उन्हें तलाश थी। रिश्ते में पाण्डवों के मामा के बेटे और द्रौपदी के सखा कृष्ण ने कहा, ''भीष्म सिर्फ अपनी इच्छा से ही मृत्यु को प्राप्त हो सकते हैं, उन्हें मारा नहीं जा सकता, लेकिन उन्हें तीरों से बेंध कर धरती पर अवश्य गिराया जा सकता है। इस कार्य के लिए उनके धनुष का झुकना आवश्यक है। और वे अपना धनुष किसी पुरुष के आगे नहीं झुकाएँगे। हाँ, किसी स्त्री के सामने अवश्य ही उनका धनुष झुक जाएगा। लेकिन हम रणभूमि में स्त्री का प्रवेश कैसे करा सकते हैं ? ऐसा करना युद्ध के नियमों के अनुसार निषिद्ध है।''

तब राजा द्रुपद ने अपनी सबसे बड़ी सन्तान शिखण्डी को प्रस्तुत किया, जो स्त्री के रूप में जन्मा था और बाद में एक पुरुष बन गया था। ''भीष्म उसे नारी के रूप में देखेंगे। उन्हें नहीं पता कि वह पुरुष है। लेकिन हम उनके इस विचार पर विरोध जताएँगे, क्योंकि अब वह एक पुरुष है जिसकी एक पत्नी भी है और उसकी पत्नी को उसके पौरुष पर अब कोई संदेह नहीं है।''

युद्ध के दसवें दिन, शिखण्डी कृष्ण के रथ पर सवार होकर युद्ध में चल पड़ा। उसके पीछे तीसरा पाण्डव—संसार का महान धनुर्धर अर्जुन था। भीष्म को शिखण्डी के स्त्री होने का पूरा विश्वास था, इसलिए उन्होंने शिखण्डी के विरुद्ध अपना धनुष उठाने से मना कर दिया और घोषणा की, ''औरत के रूप में जन्मे तुम हमेशा से औरत ही हो।'' इतना सुनते ही अर्जुन ने इस अवसर का लाभ उठाया और भीष्म पर बाणों की बौछार कर दी और उस बूढ़े आदमी को बेंध कर धरती पर गिरा दिया।

इस घटना के बाद द्रोण को कौरवों की सेना का सेनापति बना दिया गया। द्रोण द्रुपद को मारने में कामयाब रहे। धृष्टद्युम्न ने अपने पिता की मृत्यु का प्रतिशोध लिया और आख़िरकार द्रोण का सिर धड़ से अलग करके अपनी नियति के लिखे को पूरा किया। द्रोण का वध करने की हिम्मत किसी में नहीं थी, क्योंकि वे ब्राह्मण थे।

अन्त में सभी कौरव मारे गए और हस्तिनापुर और इन्द्रप्रस्थ का साम्राज्य पाण्डवों

के हाथों में आ गया। लेकिन यह कोई सुखांत नहीं था।

विजय की रात, जब सभी सैनिक सोये हुए थे, द्रोण के पुत्र ने पाण्डवों के शिविर पर आक्रमण कर दिया। अचानक हुए इस हमले में सभी मारे गए। द्रौपदी के पुत्रों का सिर धड़ से अलग कर दिया गया, उसके जुड़वाँ भाई धृष्टद्युम्न को गला घोंट कर मार दिया गया और बड़े भाई शिखण्डी का शरीर दो टुकड़ों में पड़ा हुआ पाया गया।

- शिखण्डिनी, जो शिखण्डी बन गई थी, वह है जिसे किन्नरता से सम्बन्धित आधुनिक शब्दावली में स्त्री-से-पुरुष पारलिंगी (ट्रांससेक्सुअल, transsexual) होना कहेंगे, क्योंकि उसके शरीर की जननेन्द्रियों में एक विशेष परिवर्तन हो जाता है, लेकिन ऐसी कथाओं के वाचक इसके ब्योरों में जाने से बचते हैं और उसका वर्णन या तो खसिया (बधिया पुरुष, eunuch) के रूप में करते हैं या पुरुष-से-स्त्री पारलिंगी (वह पुरुष, जो अपने जैविक पुरुषत्व को ठुकरा देता है, transsexual) के रूप में या पुरुष-से-स्त्री पारलिंगी (ऐसा पुरुष जो स्त्रियों के वस्त्र पहनता है, क्योंकि वह स्त्री जैसा महसूस करता है, ट्रांसजेंडर) के रूप में या एक उभय-लिंगी (हर्माफ्रॉडाइट) के रूप में या महज ऐसे पुरुष के रूप में जो अपने पूर्व जन्म में स्त्री (अम्बा) था। इससे किन्नरता के क्षेत्र में भी पितृसत्ता की तरफ झुकाव प्रकट होता है।

- 'महाभारत' भारत का सबसे बड़ा महाकाव्य है जो 300 ईसा पूर्व से 300 ईस्वी के बीच अपने अन्तिम लिखित रूप तक पहुँचा था। यह बौद्ध धर्म के बाद का हिन्दू धर्म था जिसे पौराणिक हिन्दू धर्म के रूप में भी जाना जाता है, जिसने बौद्ध धर्म के सिद्धान्तों का जवाब देने के लिए, जो मठों और साधुओं के जीवन पर बल देते थे, पारिवारिक जीवन का गुणगान किया।

- 'महाभारत' में शिखण्डी की एक महत्त्वपूर्ण भूमिका है, क्योंकि उसके आगमन

से युद्ध में एक नया मोड़ आ जाता है। भीष्म की मृत्यु दसवें दिन हो गई थी जो युद्ध की 18 दिन की अवधि का बिल्कुल मध्य–बिन्दु है। इससे यहाँ यह किन्नरता, आकस्मिक न हो कर सोची–विचारी जान पड़ती है।

- शिखण्डी शब्द का अर्थ है, 'जिसके मोर की तरह कलगीदार बाल हों।' कभी–कभी यह मोर या खासकर उसकी शिखा की ओर संकेत करता है। यह ईश्वर के कई नामों में से एक है और शिव और विष्णु के हज़ार नामों की सूची का एक हिस्सा है।

- आधुनिक पुनर्पाठ उस संघर्ष का वर्णन करने से हिचकते हैं, जो व्यास ने लैंगिक अम्बा/शिखण्डी और यौन–विमुख (असेक्सुअल, asexual) भीष्म के बीच रचे हैं, जिन्होंने ब्रह्मचर्य का व्रत लिया था। भीष्म के ब्रह्मचर्य ने उन्हें दीर्घायु प्रदान की है; लैंगिक जीव के साथ उनका सम्पर्क उन्हें मृत्यु की ओर ले जाता है। उनकी मृत्यु दो पारम्परिक तथ्यों की पुष्टि करती है : पहला, यौन संबंधों का संबंध भौतिकता और सांसारिकता से है और दूसरा, ब्रह्मचर्य का संबंध दैवत्व और अमरत्व से है।

- जैन 'महाभारत' में, भीष्म ने अपना बधियाकरण कर लिया था ताकि किसी को उनके ब्रह्मचर्य के व्रत पर संदेह न रहे।

- जंगल में रहने वाली आत्माओं द्वारा जादू से यौन रूपान्तर को सम्भव बनाने का विचार कई लोक कथाओं में मिलता है। विजयदान देथा, जिन्होंने राजस्थान की वाचिक कथाओं की परम्परा को लिखित रूप दिया, अपनी कथा 'तीजा बीजा' में ऐसे ही एक लिंग परिवर्तन की चर्चा करते हैं। जब तीजा पुरुष के रूप में परिवर्तित हो जाता है, तो उसकी रूमानियत और दूसरों का ध्यान रखने वाला उसका पुरुषोचित गुण ख़त्म हो जाता है और बीजा को पुरुष के रूप में उसके व्यक्तित्व का यह पक्ष पसन्द नहीं आता। वह उसे एक बार फिर से स्त्री बन जाने के लिए कहती है। हालाँकि महाभारत कथा में,

यौन रूपान्तरण यक्ष द्वारा अपने पौरुष की बलि देने के कारण होता है। यह एक तरह से किसी अंग दानकर्ता द्वारा अपना अंग अथवा इन्द्री दान करने पर किया गया अंग प्रत्यारोपण है। शिखण्डी और उसकी पत्नी, इस यौन परिवर्तन के बाद एक सुखी जीवन व्यतीत करते हैं।

- अभी तक कोई भी लेखक, द्रौपदी और धृष्टद्युम्न का शिखण्डी के साथ सम्बन्धों का पता नहीं लगा पाया है, जो न तो पूरी तरह से एक पुरुष है और न स्त्री, जबकि द्रौपदी एक सम्पूर्ण नारी है और धृष्टद्युम्न एक सम्पूर्ण पुरुष। ऐसे में महत्त्वपूर्ण प्रश्न यह है कि द्रुपद के साम्राज्य का उत्तराधिकारी कौन होगा? बड़ा पुत्र शिखण्डी या छोटा पुत्र धृष्टद्युम्न? और फिर अपनी पत्नी के साथ शिखण्डी के सम्बन्धों के विषय में क्या कहेंगे? यह जानने के बाद कैसा लगता होगा कि विवाह की रात आपका पति स्त्री था और उसके बाद की रातों में वह पुरुष है, जिसने किसी दूसरे के गुप्तांग को धारण कर रखा है।

- देवव्रत का नाम आगे चल कर भीष्म या भीषण पड़ा, क्योंकि उन्होंने आजीवन ब्रह्मचारी रहने का फैसला किया था ताकि उनके वृद्ध पिता पुनः विवाह कर सकें। इसका अर्थ है कि भीष्म कभी किसी पुत्र या पुत्री के पिता नहीं बन सकते और उन्हें अनन्त काल तक नरक-सरीखे लोक (पुत) के बन्धन का सामना करना पड़ा और अपने पितरों के ऋण को उतार न पाने के कारण वे पुनर्जन्म भी नहीं पा सकते थे। आज निःसन्तान दम्पति और एकाकी जीवन व्यतीत करने वाले लोगों को यह सलाह दी जाती है कि वे बिहार में स्थित गया जैसे स्थानों पर जाकर प्रार्थना करें ताकि उनके पूर्वज शान्त हों और उनका अपना पुनर्जन्म सुनिश्चित हो सके।

2

महादेव - जो अपने उपासक के शिशु को जन्म देने के लिए स्त्री बने

तमिल मन्दिरों की कथाओं से

कावेरी नदी अपने पूरे उफान पर थी। काले बादलों ने आकाश को पूरी तरह से ढँक लिया था। बिजली की गड़गड़ाहट की आवाज़ कानों के पर्दे भेद रही थी। बारिश लगातार हो रही थी। कोई भी माझी अपना जीवन या अपनी नाव को जोखिम में डालने को तैयार न था। ऐसे कठिन समय में, एक माँ को यह एहसास होने लगा कि वह अपनी पुत्री के प्रसवकाल के समय उसके पास नहीं पहुँच पाएगी। "हे ईश्वर, मैं अब क्या करूँ ?" कहती हुई वह ज़ोरों से विलाप करने लगी।

"हम कर ही क्या सकते हैं, सिवा भगवान शिव के आगे प्रार्थना करने के जो महादेव हैं, देवों के देव हैं ? सिर्फ वही हैं जो ऐसे समय में हमारी मदद कर सकते हैं।" उसके पति ने कहा।

उनका सौभाग्य था कि उनकी प्रार्थना कैलाश पर्वत तक जा पहुँची और शिव अपने भक्तों की इस दुर्दशा से इतने व्यथित हो उठे कि उन्होंने स्वयं जा कर शिशु का प्रसव कराने का निश्चय किया। जब शिव की पत्नी गौरी को महादेव के इरादों का पता चला, तो उन्होंने कहा, "देव, अगर आप अपने इसी रूप में उसके सामने जाएँगे तो वह डर जाएगी। एक बार अपनी ओर तो देखिये। आपके सारे शरीर पर भस्म लगी हुई है, केशों की जटाएँ बनी हुई हैं और आपने अपने गले में नरमुण्डों की माला धारण की हुई है।"

यह सुन कर शिव ने उस कन्या की माँ का रूप धारण किया और उसकी बेटी के घर की ओर चल पड़े। उन्होंने जा कर उसे सांत्वना दी, उसके हाथों को थाम लिया और शिशु का जन्म होने तक उसका पसीना पोंछते रहे। उसके बाद उन्होंने नवजात शिशु को दुग्ध पान कराने के लिए माता के सीने के साथ लगा दिया। फिर उन्होंने कमरे की सफाई की और दीपक जला दिया, जैसा कि एक दाई से उम्मीद की जाती है।

आख़िरकार उस कन्या की माता भी वहाँ पहुँच गई। बेटी ने दो माँओं को वहाँ देखा तो वह अचम्भे में पड़ गई कि उसकी असली माँ कौन है और कौन बहुरूपिया है। बहुरूपिया बने हुए शिव मुस्कराए और वहाँ से अदृश्य हो गए और बेटी को एहसास हो गया कि वे शिव थे और कोई नहीं।

- दाई की सेवा प्रदान करने वाले शिव महादेव का यह तीर्थस्थल रॉकफोर्ट मंदिर, त्रिची में स्थित है। इस मंदिर के देवता को थय्युमनस्वामी कहा जाता है- भगवान, जिन्होंने माता का रूप धरा।

- यह कथा तमिल भक्ति परम्परा का हिस्सा है जो कम-से-कम पाँचवी शताब्दी के आस-पास या पारम्परिक मान्यताओं के अनुसार चलें तो और भी पहले की है। जहाँ वैदिक विचार भारत में उत्तर से दक्षिण की ओर फैले, भक्ति के विचार बहुत करके दक्षिण से उत्तर की ओर फैले।

- इस कथा के कुछ संस्करणों में शिव को गौरी और गंगा का सहयोग प्राप्त है, जो दक्षिणी भारत में प्रचलित परम्परा के अनुसार उनकी दो पत्नियाँ थीं। भले ही उनकी दोनों पत्नियाँ स्त्रियाँ थीं जो प्रसव कार्य को अच्छी तरह से अंजाम दे सकती थीं, तिस पर भी शिव ने अपने भक्त के लिए 'स्त्री' बनने पर ज़ोर दिया।

- शिव के प्रारम्भिक भक्त नयनार सन्त थे जिन्होंने तमिल में भक्ति गीतों की रचना की।

- भक्ति साहित्य में, देवता हमेशा नारी का रूप धरते हैं। कभी दो प्रेम करने वालों को एक-दूसरे के नज़दीक लाने के लिए 'मध्यस्थों' के रूप में, तो कभी लापता पत्नी के स्थान पर घर के काम-काज निपटाने के लिए और कभी एक रोगी भक्त की सेवा करने के लिए। किन्नरता से सम्बन्धित ये कथाएँ कामुक नहीं हैं, लेकिन ये लिंग से सम्बन्धित हमारे विचारों के लिए एक चुनौती प्रस्तुत करती हैं। इस तरह की किन्नरता भारतीय भक्ति परम्परा की अनोखी विशेषता है। अन्य भक्ति परम्पराओं में ईश्वर मुख्यत: पुरुष होते हैं और दूरी

बनाए रखते हैं। भावना समर्पण की होती है, न कि स्नेह की।

- बसवन्ना, जो बारहवीं शताब्दी में कन्नड़ के एक आध्यात्मिक गुरु, दार्शनिक, कवि और उपासक थे, कहते हैं, ''मैं ये वस्त्र सिर्फ आपके लिए पहनता हूँ। कभी पुरुष, कभी नारी, मैं आपके लिए युद्ध करता हूँ, हे नदियों के संगम के स्वामी! मैं आपके भक्त की वधू भी बन जाऊँगा।'' इस प्रकार भक्ति की दुनिया में लिंग का कोई मतलब नहीं। किन्नरता की शब्दावली मानवता के बँधे-बँधाए ढाँचे को तोड़ने और देवत्व में लीन हो जाने में मदद करती है।

3

चूडाला – जो अपने पति को ज्ञान देने के लिए पुरुष बनी

'योग वशिष्ठ' से

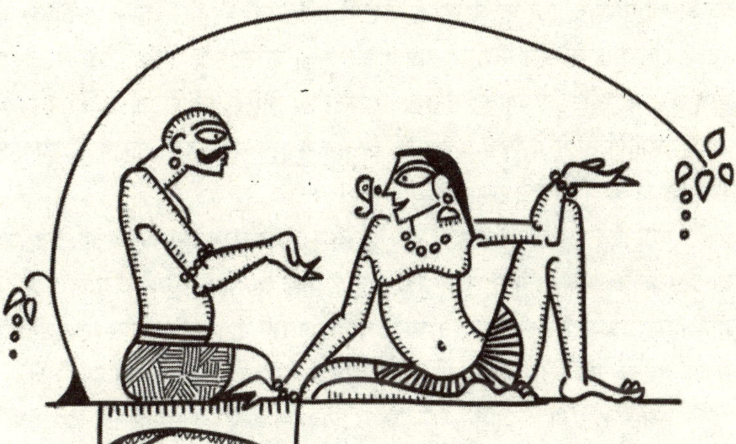

राजा शिखिध्वज को ज्ञान की तलाश थी। राजा की पत्नी चूडाला, जो एक योगिनी थी, बहुत बुद्धिमती थी। वह प्राचीन तंत्र-मंत्र की विद्या में भी पारंगत थी और उसमें अपनी इच्छा से अपना स्वरूप बदल लेने की क्षमता भी थी। लेकिन राजा अपनी पत्नी की बातों की ज़्यादा परवाह नहीं करता था, क्योंकि राजा के लिए तो वह एक औरत थी। ज़्यादा-से-ज़्यादा वह बहुत अच्छी पत्नी हो सकती थी, इससे ज़्यादा कुछ नहीं।

कहीं से भी से ज्ञान प्राप्त करने के लिए दृढ़ संकल्प राजा ने एक दिन अपना सारा राजपाट त्याग कर, उसकी बागडोर अपनी योग्य पत्नी चूडाला को सौंपने और वन की ओर प्रस्थान करने का फैसला किया। चूँकि राजा स्पष्ट रूप से वन जाने का मन बना चुका था, इसलिए उसकी पत्नी ने उसे जाने से नहीं रोका। लेकिन उसने अपने पति को वापस लौटा लाने का इरादा ठान लिया।

चूडाला ने पुरुष का रूप धारण करके अपने पति का पीछा किया और राजा को अपना परिचय उसी के जैसे एक योगी के रूप में दिया और अपना नाम कुम्भक बताया। कुम्भक के रूप में उसने अपना ज्ञान राजा के साथ बाँटा कि कैसे समाज के बीच रहते हुए भी कोई व्यक्ति सन्त बन सकता है। शिखिध्वज ने इन शब्दों को ग्रहण किया, क्योंकि उसने ये शब्द एक पुरुष के मुँह से सुने थे। वह विद्यासम्पन्न कुम्भक का एक अच्छा मित्र बन गया।

एक दिन कुम्भक ने कहा, ''मैंने क्रोधी स्वभाव के दुर्वासा ऋषि को देखा जो जल्दी-जल्दी आकाश मार्ग से जा रहे थे और कहा कि वे उस स्त्री जैसे लग रहे थे जो अपने प्रिय से मिलने के लिए भागी चली जा रही हो। ऋषि ने इस टिप्पणी को सहज रूप में नहीं लिया और मुझे शाप दिया कि मैं हर रात नारी बन जाऊँगा।''

उस रात, राजा के सामने, कुम्भक मदनिका नामक स्त्री में परिवर्तित हो गया। राजा ने मदनिका को अपने आश्रम में सुलाया जैसे वह कुम्भक ही हो, लेकिन राजा ने मदनिका के साथ किसी प्रकार का यौन सम्बन्ध स्थापित करने का प्रयास नहीं किया, क्योंकि राजा ने ब्रह्मचारी रहने और एक सच्चा सन्त बनने का संकल्प लिया हुआ था। इससे रानी बहुत प्रसन्न हुई।

हर रोज राजा कुम्भक से ज्ञान की बातें सुनता था और हर रात मदनिका के

साथ संयमपूर्वक सो जाता था। इस प्रकार, राजा दिन में भी वैरागी था और रात में भी वैरागी।

एक दिन मदनिका उससे कहने लगी, "हर रात मैं आपके पास एक औरत के रूप में सोती हूँ। मैं औरत को मिलने वाले सुख के बारे में जानने के लिए लालायित हूँ। आप मेरी मदद करें। आप तो तब भी वैरागी रहेंगे, क्योंकि आपने अपनी इच्छाओं पर विजय प्राप्त कर ली है और मुझे आशा है कि आप निरपेक्ष भाव से मेरी इच्छाओं को सन्तुष्ट करने में मेरी मदद करेंगे।"

शिखिध्वज इस बात पर सहमत हो गया। उसके बाद, प्रतिदिन वह कुम्भक से ज्ञान से भरे वचन सुनता और हर रात वह मदनिका के साथ निरपेक्ष भाव से प्रेम सम्बन्ध बनाता। इस प्रकार, राजा दिन में सन्त और रात में गृहस्थ हो जाता।

एक दिन चूडाला ने राजा के वैराग्य को परखने का निश्चय किया। उस रात, चूडाला ने अपनी मायावी शक्ति का प्रयोग करते हुए एक मायावी बिस्तर तैयार किया और उस बिस्तर पर वह मदनिका के रूप में ही एक सुदर्शन अजनबी युवक के संग प्रणय-लीला करते हुए लेट गई। तभी राजा वहाँ आ पहुँचा और यह सब देखकर उसने बिना विचलित हुए अपना मुँह दूसरी ओर फेर लिया और बोला, "आपके प्रेम में विघ्न डालने के लिए क्षमा चाहता हूँ।" फिर वह उन्हें उसी अवस्था में छोड़ कर वहाँ से चला गया।

काम-वासना और क्रोध के प्रति राजा की ऐसी निर्लिप्तता को देख कर मदनिका खुश हो कर चूडाला के वेश में आ गई। उसने अपनी पहचान राजा के सामने उजागर कर दी और ऐसा करने के पीछे अपना उद्देश्य बताया। "अब आप सचमुच ज्ञानी हो गए हैं। जंगल में जा कर वैराग्य का जीवन व्यतीत करना ज्ञानी होना नहीं है, बल्कि आप जहाँ कहीं भी हों, काम-वासना और आसक्ति पर नियन्त्रण पाना ही ज्ञानी होना है।"

शिखिध्वज को अपनी पत्नी के शब्दों की सार्थकता दिखाई दी। हाँ, ज्ञान का न तो वैराग्य या गृहस्थी से कोई मतलब था और न ही महल में रहने या वन में रहने से। राजा को यह एहसास भी हुआ कि उसने महज इसलिए अपनी पत्नी के ज्ञानी होने से इनकार कर दिया था कि वह एक स्त्री थी। पत्नी द्वारा पुरुष के रूप में दिए जाने पर वही ज्ञान स्वीकार करने योग्य हो गया था। उसे अपने ज्ञान की सीमा का भी

एहसास हुआ। इस प्रकार प्रबुद्ध हो कर, वह अपनी पत्नी के साथ—जो उसकी गुरु कुम्भक भी थी और उसकी प्रेयसी मदनिका भी—अपनी राजधानी लौट आया और बुद्धिमती चूडाला के सहयोग से देश पर कई वर्षों तक राज किया।

- 'रामायण' के रचयिता वाल्मीकि, योग वशिष्ठ के रचनाकार कहे जाते हैं, जिसे कभी-कभी वशिष्ठ रामायण भी कहा जाता है। जहाँ आदिकवि वाल्मीकि की रचनाओं का काल 200 ई.पू. माना जाता है, वहीं योग वशिष्ठ का रचना काल 700 ई. से 1400 ई. के मध्य माना जाता है। इसमें वैदान्तिक शिक्षाओं का सार समाया हुआ है।

- वशिष्ठ गुरु से अपनी शिक्षा पूरी करने के बाद राम तीर्थाटन को चले जाते हैं जिसके अन्त में उन्हें एहसास होता है कि उनका जीवन वैराग्य के लिए है। तब उनके गुरु वशिष्ठ उन्हें ऐसी कई कहानियाँ सुनाते हैं जिनमें यह दर्शाया गया है कि गृहस्थ के सभी दायित्वों का निर्वाह करते हुए भी मनुष्य के लिए वैरागी जीवन जीना सम्भव है। इन्हीं कथाओं से योग वशिष्ठ की रचना हुई। चूडाला की कहानी इन्हीं कहानियों में से एक है।

- यह कहानी काम-भावना अथवा यौन से सम्बन्धित विषयों के सिलसिले में अधिकांश भारतीयों की बुनियादी बेचैनी दर्शाती है। काम को कुछ ऐसा समझा जाता है जो व्यक्ति को धर्म से दूर ले जाता है। यह कहानी इस विचार की ओर भी ध्यान दिलाती है कि यौन क्रिया व्यक्ति को धर्म से दूर नहीं करती, बल्कि आसक्ति और कामना उसे धर्म से विमुख करती है।

- 'कामसूत्र' में, जिसकी रचना 'महाभारत' की रचना के तुरन्त बाद हुई थी, द्वि-लिंग या उभय-लिंग कामुकता (बाइसेक्सुऐलिटी) का विचार उठाया गया है, जब उसमें उन पुरुषों की चर्चा होती है जो कभी-कभी लेकिन एकान्त रूप में नहीं, अन्य पुरुषों को स्नेहवश यौन-सुख देते हैं और ऐसी

स्त्रियों का वर्णन मिलता है जो सिर्फ पुरुषों से सन्तुष्ट नहीं हो पातीं, क्योंकि उनके अन्दर पुरुषों से आठ गुना ज्यादा यौन रस होते हैं जो पुरुष के थक जाने के बाद भी बहते रहते हैं। क्या चूडाला और मदनिका की यौन-सम्बन्धी माँग के पीछे भी यही कारण है? क्या इसी कारण राजा अपने पुरुष मित्र को यौन-सन्तुष्टि देने में बुराई नहीं समझता जो रात के समय स्त्री-रूप धारण कर लेता है।

- जब कुम्भक का शरीर स्त्री-रूप में परिवर्तित हो जाता है तो राजा को उसके साथ यौन सम्बन्ध स्थापित करने में कोई हिचक नहीं होती। इस तरह यौन क्रियाओं को सिर्फ शारीरिक अर्थ में ही देखा जाता है। राजा को इस बात से कोई फर्क नहीं पड़ता कि जिस स्त्री से वह सम्बन्ध बनाने जा रहा है, उसके भीतर एक पुरुष का मस्तिष्क है। वह पुरुष को सिर्फ बौद्धिक दृष्टि से देखता है और स्त्री को सिर्फ यौन संदर्भों में। ज्ञान प्राप्त होने पर वह नारी को बौद्धिक स्तर पर देखना शुरू करता है। क्या वह पुरुष को भी यौन संदर्भों में देखता है? किन्नर प्रवृत्ति वाला व्यक्ति यह प्रश्न उठा सकता है। हो सकता है, इस तरह का प्रश्न गैर-किन्नर व्यक्ति के मस्तिष्क में न आए।

- सन्त लोगों का, जो इस दुनिया से विमुख होना चाहते हैं, जंगलों में—जो स्थान मनुष्यों के नियन्त्रण से परे है—अजीबो-गरीब किन्नर प्रवृत्ति वाले प्राणियों से सामना होता है। बौद्ध मणिकण्ठ जातक में अपना रूप बदल लेने वाला मणिकण्ठ नामक नाग एक साधु के साथ इतना अन्तरंग हो जाता है कि वह हर समय साधु के शरीर पर लिपटा रहता है, जिससे साधु को बहुत असुविधा भी होती है। मणिकण्ठ से छुटकारा पाने के लिए साधु कहता है, "अगर तुम मुझे इतना स्नेह करते हो तो वह मणि मुझे दे दो जो तुम्हारे फन में लगी है।" मणिकण्ठ तुरन्त अलग हो जाता है, क्योंकि नाग उस साधु की अपेक्षा मणि से ज़्यादा प्रेम करता है। लेकिन मणिकण्ठ के चले जाने के बाद साधु अचानक अकेलापन महसूस करने लगता है।

- राजा स्त्री को ज्ञान के स्रोत के रूप में नहीं देख सकता, खासकर अपनी पत्नी को। वह उसके ज्ञान को सिर्फ तभी स्वीकार करता है, जब वह पुरुष बन जाती है। यहाँ किन्नरता को पितृसत्तात्मक पूर्वाग्रह दर्शाने और अन्ततः उससे उबरने के एक उपकरण के रूप में इस्तेमाल किया गया है।

4

विष्णु – जो देवों, दानवों और एक तपस्वी को मोहित करने के लिए स्त्री बने

पुराणों से

एक बार एक असुर ने अपनी भक्ति से शिव को प्रसन्न कर लिया और उनसे वरदान माँगा कि जिसके भी सिर पर वह हाथ रखे, वह भस्म हो जाए। इसी कारण वह भस्मासुर के नाम से प्रसिद्ध हो गया—वह जो अपने स्पर्श से हरेक को भस्मीभूत कर सकता है।

एक बार भस्मासुर ने अपनी इस शक्ति को शिव पर ही आजमाने का फैसला किया। आतंकित होकर शिव भाग खड़े हुए और उन्होंने विष्णु की सहायता माँगी। विष्णु ने मोहिनी का रूप धारण किया और भस्मासुर का ध्यान अपनी ओर खींच लिया। कामुकता से अभिभूत हो कर भस्मासुर ने मोहिनी के सामने विवाह का प्रस्ताव रखा। मोहिनी ने उसके सामने शर्त रख दी, ''मैं तुमसे एक ही शर्त पर विवाह कर सकती हूँ, अगर तुम मेरी तरह नृत्य करो।'' भस्मासुर इसके लिए राजी हो गया। मोहिनी ने नृत्य करते समय अपने सिर पर हाथ रखने की मुद्रा बनाई। मोह और कामुकता के नशे में चूर भस्मासुर ने भी वही मुद्रा बना ली और जल कर भस्म हो गया, जिससे शिव बहुत प्रसन्न हुए।

तब शिव ने ध्यान दिया कि मोहिनी के रूप में विष्णु कितने सुन्दर थे! उन्होंने पहले भी यह रूप धारण किया था, जब वे देवताओं के गले में अमरत्व की सुधा यानी अमृत डालते समय असुरों का ध्यान भटकाते हुए उन्हें छल रहे थे। शिव वासना के इतने वशीभूत हो गए कि उन्होंने अपनी पत्नी पार्वती को त्याग दिया और मोहिनी के पीछे-पीछे भागे।

शिव और मोहिनी ने मिल कर कई महान शूरवीरों को जन्म दिया, जिन्होंने ब्रह्मचर्य का पालन करते हुए इस संसार को दानवों और दुष्टात्माओं से बचाने का व्रत लिया। अयप्पा, अयनार और हनुमान भी उन्हीं शूरवीरों में से थे।

- पुराणों में विश्व की उत्पत्ति से ले कर वर्तमान काल तक की कहानियाँ संकलित हैं। संस्कृत भाषा में रची गई ये कहानियाँ देवों, राजाओं और ऋषियों की चर्चा करती हैं। मुख्य पुराण 18 हैं और कई गौण पुराण भी हैं। उनमें संकलित कहानियों और राजाओं की सूचियों में एकरूपता नहीं है जो

पीढ़ियों तक बार-बार लिखे जाने की तरफ इशारा करता है। इन ग्रन्थों में या तो शिव की तरफ झुकाव है या फिर विष्णु या देवी की तरफ।

- अयप्पा दक्षिण भारत के एक लोकप्रिय देवता हैं। उनका निवास एक पर्वत पर है। वे तपस्वी हैं और उनके दर्शन वही मनुष्य कर सकता है जिसने एक माह से अधिक समय तक तपस्या की हो। उनकी समाधि प्रतिद्वंद्वी सम्प्रदायों और प्रतिद्वंद्वी धर्मों के सदस्यों को एक साथ लाने का प्रयास करती है। शिव और विष्णु का पुत्र होने के कारण वे साम्प्रदायिक प्रतिद्वंद्विता से ऊपर हैं। जिस प्रकार बौद्ध कहते हैं, 'बुद्धम् शरणम् गच्छामि' (मैं बुद्ध के आगे समर्पित होता हूँ), उसी प्रकार अयप्पा की समाधि के तीर्थयात्री कहते हैं, 'स्वामी शरणम् अयप्पा' (मैं अपने स्वामी अयप्पा के आगे समर्पित होता हूँ)। इससे बौद्ध धर्म का प्रभाव भी दिखाई देता है।

- मध्यकालीन भारत में, शिव और विष्णु के अनुयायियों के बीच तीखी प्रतिद्वंद्विता थी। ऐसी कथाएँ उन्हें एक साथ लाने का प्रयास करती हैं। तनाव इन कथाओं में अन्तरनिहित हैं: विष्णु स्त्री हैं, इसलिए तुच्छ हैं, तिस पर भी फुसलाए जा रहे हैं शिव, इसलिए वे भी उतने उत्कृष्ट नहीं हैं।

- दक्षिण भारत के विष्णु मंदिरों में, शोभा यात्रा के दौरान, प्रभु का शृंगार अक्सर मोहिनी के रूप में किया जाता है और उनके हाथ में अमृत से भरा एक पात्र दिखाया जाता है। इस पात्र को हमेशा देवी और स्त्री-शक्ति का प्रतीक माना जाता है।

- सन्तान के अनिच्छुक तपस्वी शिव का गृहस्थ और पिता के रूप में परिवर्तित हो जाना हिन्दू पौराणिक कथाओं की एक महत्त्वपूर्ण विषय-वस्तु है। शिव के रूपान्तरण के पीछे विश्व के पालक, विष्णु हैं, ताकि शिव का वैराग्य कहीं संसार को समाप्त न कर दे। विष्णु यह काम देवी पार्वती के माध्यम से करते हैं, जिन्हें तमिल मंदिरों की कथाओं में उनकी

बहन माना जाता है। या फिर वे ऐसा स्वयं मोहिनी का रूप धारण करके करते हैं।

- एक पौराणिक कथा में, जब आदि नाम का असुर शिव को मोहित करने के लिए पार्वती का रूप धारण करने की कोशिश करता है, तो वह मृत्यु को प्राप्त हो जाता है, क्योंकि वह शिव के आवेग को सह नहीं पाता जिस तरह मोहिनी सह लेती थी।

- दो पुरुष देवताओं द्वारा सन्तान पैदा करने का विचार तब तक उनके श्रद्धालुओं को विचलित नहीं करता, जब तक कि पश्चिमी नज़रिया उसकी किन्नरता की ओर इशारा नहीं करता। उसके बाद सफाई देने और माफी माँगने का सिलसिला शुरू हो जाता है। जो कुछ 'वे' अर्थात् पश्चिम के लोग देख लेते हैं उसे 'हम' भारतीय नहीं देख पाते। लेकिन क्या वैकल्पिक दृष्टिकोण स्वीकार्य हैं? या वह महज उत्तर-आधुनिकता और परम्परा का अनादर है? उन किन्नर विचारों के बारे में क्या कहा जाए, जो पारम्परिक रूप से ख़ामोश कर दिए गए हैं?

- वैष्णव परम्पराओं में, हनुमान का सम्बन्ध शिव से नहीं है। शैव परम्परा में, हनुमान या तो शिव के अवतार हैं या उनके पुत्र। अग्नि पुराण में, मोहिनी को देखने से ही शिव का वीर्यपात हो जाता है, जिसे पवन देवता वायु अंजना नाम की एक मादा वानर के कान के माध्यम से उसकी कोख में रख देते हैं। इस प्रकार वानरदेव हनुमान का जन्म होता है जो हिन्दुओं द्वारा पूजे जाने वाले, विष्णु के अवतार राम की सेवा करते हैं। यहाँ किन्नरता का प्रयोग प्रतिद्वंद्वी हिन्दू सम्प्रदायों में एकता स्थापित करने के लिए किया गया है।

5

काली - जो गोपियों को मोहित करने के लिए पुरुष बनी

बंगाल की वाचिक परम्परा

जब संसार में हर तरफ बेईमानी और भ्रष्टाचार बढ़ गया, तो देवी ने श्यामा काली का रूप धारण किया और उन सब के सिर काटना शुरू कर दिया जो धरती पर ज़रूरत से ज़्यादा भारी बोझ बन गए थे। काली ने उनका रक्त पिया और उनके मुण्डों की माला बना कर अपने गले में पहन ली। नौबत यहाँ तक आई कि काली को रुक जाना था, पर वह रुकने को तैयार नहीं थी। घबरा कर देवताओं ने गौर वर्ण शिव से मदद माँगी। शिव काली के रास्ते में लेट गए और जैसी आशा थी, काली ने उनके शरीर पर पाँव रख दिया। काली ने नीचे देखा और वह शिव के सौंदर्य पर इतनी मुग्ध हुई कि वह अपना सारा क्रोध भूल गई। हिंसा की ज्वाला का स्थान प्रेम ने ले लिया जब काली नीचे उतर कर अपने प्रियतम के संग प्रणयलीला में लीन हो गई। देवी और देवता की इस प्रणयलीला ने संसार को फिर से नया कर दिया।

लेकिन एक समय ऐसा आया, जब इस संसार में फिर से भ्रष्टाचार का साम्राज्य हो गया। देवताओं ने फिर से काली से प्रकट होने और फिर से वैसा ही करने की प्रार्थना की जैसा उन्होंने पहले किया था। लेकिन प्रेम ने काली को रूपान्तरित कर दिया था। उन्होंने दूसरा रूप धारण करके पृथ्वी पर अवतरित होने का फैसला किया। उन्होंने श्यामवर्ण कृष्ण का रूप धारण किया, जिन्हें गोकुल की ढेरों गोपियाँ प्रेम करती थीं। वे उनके पीछे-पीछे जंगल में जातीं और उनके चारों ओर घेरा बना कर नाचतीं, भले ही पीछे घर में उनके पति भी थे।

शिव ने, जो काली के बिना नहीं रह सकते थे, गोरी राधा का रूप धारण करने का फैसला किया। ''ठीक उसी तरह जब तुम काली थीं और मेरी देह के ऊपर थीं,'' शिव ने कहा, ''मैं जब राधा बनूँगा तो तुम्हारी देह के ऊपर रहूँगा।'' कृष्ण इस ख़याल पर मंद-मंद मुस्करा उठे और बाँसुरी बजाने लगे। राधा उनके इर्द-गिर्द नाचने लगी।

- 15वीं शताब्दी से 18वीं शताब्दी के बीच, मध्यकालीन बंगाल में शिव, शक्ति और विष्णु के सम्प्रदायों के बीच आपसी प्रतिद्वंद्विता का उदात्तीकरण इस तरह किन्नर शब्दावली का उपयोग करके किया गया था।

- यह कथा धार्मिक सम्प्रदायों, जाति, लिंग और यौनिकता और वर्ण के बीच मौजूद तनावों से एक साथ सम्बन्धित है।

- तांत्रिक साहित्य और शाक्त सम्प्रदाय में, जहाँ देवी को पूज्य माना गया है, स्त्री के पुरुष के ऊपर रहने (विपरीत रति) के विचार की बड़ाई की गई है।

- कामसूत्र में चेतावनी दी गई है कि विपरीत रति से हुए गर्भाधान से गर्भ में आए शिशु की लैंगिकता या यौन विशेषता (सेक्सुऐलिटी, sexuality) बदल सकती है।

- परम्परागत रूप से भारत में, श्याम वर्ण का सम्बन्ध धरती से और गृहस्थ जीवन से माना जाता है। हल्के साफ रंग का सम्बन्ध आकाश, हिमाच्छादित पर्वतों और संन्यासी जीवन से जोड़ा गया है। उद्दाम देवी काली श्यामवर्ण हैं और गृहस्थ गौरी का रंग गोरा है। गृहस्थ विष्णु श्यामवर्ण हैं और वैरागी शिव का रंग गोरा है। कर्तव्यनिष्ठ कृष्ण का रंग साँवला है और समाज के बँधे-बँधाए नियमों को तोड़ने वाली राधा का रंग गोरा है।

- कृष्ण का प्रेम किसी सीमा को नहीं मानता। कृष्ण के प्रेम को कोई नियम या कोई भी रस्मो-रिवाज़ बाँध नहीं सकते। इसलिए राधा समेत सभी स्त्रियाँ, जो रात के समय उनके पीछे वन में जा-जा कर उनके गिर्द नाचा करती थीं, ऐसी औरतों के रूप में बताई गई हैं जो कृष्ण के प्रति प्रेम होने के कारण या इसके बावजूद अपने पतियों के प्रति निष्ठावान और पवित्र रहती हैं।

- कृष्ण-कथा के शुद्धतावादी पुनर्प्रस्तुतिकरण में गोकुल की गोपिकाओं के साथ कृष्ण के रास को साफ और पवित्र करके उसे उसकी तांत्रिक और शाक्त अन्तर्धाराओं से मुक्त करने की प्रवृत्ति है।

- कई भक्त स्त्रियाँ अपना स्त्रीत्व त्याग देती हैं, ताकि न तो पुरुष उनका ध्यान भंग कर सकें और न ही वे पुरुषों का ध्यान भंग कर पाएँ और इस प्रकार वे पूरी तरह ईश्वर में लीन होने के लिए मुक्त हो जाएँ। तमिल 'पेरिया पुराणम्' में वर्णित नयनार सन्त करैकल अम्मियार की कथा में, वह अपने सुन्दर स्त्री-रूप का त्याग कर देती है ताकि उसे पत्नी बनने की ज़रूरत न रहे और वह पूरी तरह शिव के ध्यान में लीन हो सके। वह अब भी एक नारी है, लेकिन अपने सारे स्त्रीत्व से रहित हो कर वह कुरूप बुढ़िया है, जिससे सबने किनारा कर लिया है और अब वह बिना किसी व्यवधान के अपना ध्यान प्रार्थना-उपासना पर केन्द्रित रख सकती है।

6

गोपेश्वर - जो नृत्य करने के लिए नारी बने

ब्रज की वाचिक कथाओं से

मधुवन के उपवनों में कृष्ण और राधा के नृत्य करते समय कई स्त्रियाँ उनके साथ नाचने लगीं। उन औरतों ने दिव्य दिखाई देने वाले कृष्ण और राधा के चारों ओर एक घेरा बना लिया। इसे रास-मण्डल और इस नृत्य को रास-लीला कहा जाता था। यह रास लीला सदा गाँव के बाहर जंगल में रात के समय गुप्त रूप से होती थी।

हालाँकि कई पुरुष भी इस नृत्य में शामिल होने की इच्छा रखते थे लेकिन उन्हें इसकी अनुमति नहीं थी। इस नृत्य में हिस्सा लेने के लिए उनके सामने एक ही रास्ता था कि उन्हें यमुना नदी में डुबकी लगा कर नारी का रूप धारण करना होता था।

कृष्ण के सखा, महान धनुर्धर अर्जुन ने, जो अपने मित्र कृष्ण को बाँसुरी बजाते हुए देखना चाहता था, अतीत में जा कर यमुना में डुबकी लगाई और नारी बन कर नर्तकों के समूह में सम्मिलित हो गया, जबकि कृष्ण उस समय बाँसुरी बजा रहे थे।

कृष्ण के संग नाचने वाली सभी नारियों में राधा अन्य सभी से अधिक प्रिय थी। एक दिन, राधा ने कृष्ण को किसी अन्य गोपी के साथ नृत्य करते हुए देख लिया और उनसे प्रश्न किया, ''वह गोपी कौन है?''

कृष्ण बोले, ''क्या तुमने उन्हें पहचाना नहीं? वे शिव हैं, मेरे गुरु, नृत्यकला के भगवान नटराज। शिव ने मुझे नटवर बनाया, आनन्दातिरेक से परिपूर्ण एक नर्तक। शिव रास-मण्डल में सम्मिलित होने को बहुत उत्सुक थे, इसलिए उन्होंने यमुना नदी में डुबकी लगाई और मधुवन के कुंज में आ पहुँचे। क्या तुम मुझे उनके साथ नृत्य नहीं करने दोगी?''

राधा कृष्ण को 'ना' नहीं कह पाई। इसलिए वह गौरी के पास खड़ी हो गई और नटवर को नटराज के साथ नृत्य करते देखने लगीं जो गोपेश्वर बन गए थे, एक गोपी जो वास्तव में शिव थी।

- मथुरा के गोपेश्वर महाराज के मंदिर में, शिवलिंग का श्रृंगार उस क्षेत्र के सबसे बड़े देवता कृष्ण के सम्मान में गोपी के रूप में होता है।

- इस कहानी के एक अन्य संस्करण में, शिव और शक्ति, दोनों ही रास-लीला

में शामिल होने की इच्छा जताते हैं, लेकिन शक्ति को तो अनुमति मिल जाती है, शिव को नहीं, क्योंकि शिव पुरुष हैं। शिव राधा से रास-लीला में प्रवेश पाने के लिए विनती करते हैं, लिहाजा राधा उन्हें यमुना नदी में स्नान करने के लिए कहती है और वहाँ स्नान करके शिव एक गोपिका के रूप में बाहर निकलते हैं।

- अन्य कथाओं में, अन्य पुरुष पात्रों—जैसे नारद—को, जो रास-लीला में शामिल होने की इच्छा रखते हैं, अपना पौरुष त्यागना पड़ता है। यह अपना प्रभुत्व जमाने की ज़रूरत (अहं?) को त्यागने का द्योतक भी हो सकता है।

- पुराणों में, शिव को एक वृषभ के रूप में दिखाया गया है और विष्णु को गायों के रखवाले के रूप में। शिव हमेशा अपनी पत्नी शक्ति के साथ स्त्रियों के समूह में श्रेष्ठ पुरुष के रूप में देखे जाते हैं। इसके विपरीत, विष्णु अधिक नारी सुलभ और कोमल हैं। वे मोहिनी जैसे स्त्री-रूपों को धारण करते हैं, यहाँ तक कि कृष्ण के रूप में वे स्त्रियों जैसे कपड़े भी पहनते हैं। दार्शनिक दृष्टिकोण से देखा जाए तो इसका आशय भी समझ में आता है क्योंकि शिव का प्रकृति और समाज का एक अंश होने से इनकार करना उन्हें वैरागी बनाता है, इसी कारण वे पुरुष हैं, जबकि विष्णु का प्रकृति और समाज के साथ सम्बद्ध होना उन्हें एक गृहस्थ बनाता है और इसी से वह नारी-सुलभ बनते हैं। लेकिन सम्प्रदायों की प्रतिद्वंद्विता विष्णु को नारी के रूप में देखे जाना गवारा नहीं करती। इसलिए उनकी कल्पना एक पूर्ण पुरुष के रूप में की गई, अपने आप में पूरे पुरुष, जो मधुवन में रास-लीला में औरतों, बल्कि अपुरुषों से घिरे रहते हैं।

- कृष्ण के प्रति अपनी भक्ति के एक अंग के रूप में कई पुरुषों ने गोकुल के ग्वालों का अनुकरण करते हुए स्त्रियों के परिधान पहने। कृष्ण के प्रेम में लीन हो कर खो जाने के कारण अपने पौरुष का सर्वथा परित्याग कर देने की भी परम्परा रही है। ऐसा लगता है कि यह सखी-भाव-परम्परा शायद पन्द्रहवीं

और अट्ठारहवीं शताब्दी के बीच तांत्रिक और भक्ति सम्प्रदाय के आपस में मिश्रित होने से उभरी।

- कई मानव विज्ञानी ये अटकलें लगाते हैं कि शुरू में रास-लीला योगिनियों द्वारा किया जाने वाला एक विशेष नृत्य था, जिसमें कृष्ण भैरव थे, अकेले पुरुष, जिन्हें एक साथ प्रियतम, पुत्र, भाई और देवी के सेवक के रूप में देखा जाता था। प्राचीन मातृसत्तात्मक व्यवस्था में, औरतें, पशुओं की कई प्रजातियों के व्यवहार को दर्शाती हुई, सिर्फ परम पुरुष (अल्फा मेल, alpha male)को ही महत्त्व देती थीं, हालाँकि कबीले पर उसे हावी होने से रोकने के लिए नियमित अन्तराल पर उसका बलिदान किया जाता था। उसके पास अपने अस्तित्व को बचाए रखने का सिर्फ एक ही रास्ता था—अपना बधियाकरण करके स्वयं को नपुंसक बना लेना, सभी तरह के पौरुष से रहित हो कर, प्रेमी से किन्नर (क्वियर) दास-पुत्र या सेवक-पुत्र हो जाना। यह प्रथा निकट पूर्वी देशों के साइबेली पंथ में भी देखी गई थी। भारत में उत्सवों के दौरान कभी-कभी धार्मिक रस्में निभाने के लिए देवी के पुरुष पुजारियों द्वारा स्त्रियों के परिधान धारण करने का यही कारण हो सकता है। यह कथा पितृसत्तात्मक परिस्थितियों में घटित हुई दिखाई गई है, जिसके केन्द्र में कृष्ण हैं जो विवाहित स्त्रियों को मोहित करके उनके पतियों से दूर लुभा ले जाते हैं, लेकिन इस पर भी वह नारी-सुलभ गुणों को महत्त्व देते हैं और किन्नर प्रवृत्ति को अस्वीकार नहीं करते।

7

सामवान - जो अपने एक पुरुष मित्र की पत्नी बन गया

'स्कन्द पुराण' से उद्धृत

सुमेध और सामवान दो गरीब ब्राह्मण थे, इतने निर्धन कि उनके लिए विवाह करना भी कठिन था। उन्होंने सीमन्तिनी नामक एक रानी के बारे में सुना, जो हर सोमवार के दिन एक ब्राह्मण पति-पत्नी की पूजा दैवी दम्पति शिव और पार्वती की तरह करके उन्हें भोजन कराया करती थी और उन्हें बहुमूल्य उपहार भी दिया करती थी।

दोनों युवक बहुत उलझन में थे—उन्हें विवाह के लिए उपहारों की ज़रूरत थी, लेकिन वे पत्नी को साथ ले जाए बिना रानी से उपहार नहीं प्राप्त कर सकते थे। इसलिए उन्होंने रानी से वे उपहार छल से हासिल करने का फैसला किया। अपनी योजना के अनुसार, सामवान ने एक स्त्री का रूप धारण कर लिया और सुमेध ने यों दिखाया जैसे वह उसका 'पति' हो। उन्होंने रानी को अपना परिचय पति-पत्नी के रूप में दिया।

सीमन्तिनी भाँप गई कि वे दोनों युवक पति-पत्नी होने का ढोंग कर रहे हैं। फिर भी, रानी ने उन दोनों को दैवी दम्पति शिव और पार्वती का रूप मानते हुए उन दोनों की पूजा की। सीमन्तिनी की ईश्वर भक्ति और उसकी कल्पना का ऐसा प्रताप था कि सामवान अपना पुरुषत्व खो बैठा और वह सामवती नामक स्त्री बन गया।

पहले तो सुमेध चकित रह गया, लेकिन बाद में वह अपने मित्र के साथ विवाह करने के लिए सहमत हो गया। उन दोनों ने रानी से मिले उपहारों से अपनी गृहस्थी की शुरुआत की और खुशी-खुशी जीवन बिताने लगे। सामवान के पिता को अपने पुत्र को खोने का बहुत दुख हुआ, लेकिन जब उनकी पत्नी को वैसा ही एक सुयोग्य पुत्र पाने का सौभाग्य प्राप्त हुआ तो उनकी खुशी का ठिकाना न रहा।

- 'स्कन्द पुराण' को आठवीं और बारहवीं शताब्दी ईस्वी के बीच लिपिबद्ध किया गया था।

- सोलहवीं शताब्दी में, वरतुंका राम पन्तियार नाम के एक तमिल कवि ने

'स्कन्द पुराण' में पाई जाने वाली, सामवान के यौन-परिवर्तन की कथा की दोबारा रचना की।

- इस कथा का उद्देश्य शिव की भक्ति में सोमवार के उपवास की शक्ति के विषय में बताना है।

- धार्मिक साहित्य में भगवान की कृपा से पुरुष के स्त्री में और स्त्री के पुरुष में बदलने की विषय-वस्तु बहुत आम है। उदाहरण के लिए, एक लोक कथा में, एक कन्या बलात्कारियों से बच कर भाग निकलती है और मंदिर में शरण लेती है, जहाँ देवता उसे पुरुष में रूपान्तरित कर देते हैं।

- स्त्री से पुरुष और पुरुष से स्त्री में लिंग-परिवर्तन, जो बेशक आज के युग में सबके मन को बेचैन कर देता है, इन कथाओं में सभी पात्रों और रचनाकारों द्वारा सहज रूप से स्वीकार्य दिखाया गया है।

- क्या सामवान का शारीरिक परिवर्तन इस तथ्य को झुठलाता है कि उसकी स्मृति पुरुष की है और उसका पति कभी उसका मित्र था? क्या रूपान्तरण के बाद और विवाह के बाद उनका आपसी समीकरण बराबरी का होगा यह देखते हुए कि वह किन्नरता वाला सम्बन्ध है या फिर वह पारम्परिक पितृसत्तात्मक ढांचे के अनुरूप होगा?

- 'मनुस्मृति' में एक पुरुष का दूसरे पुरुष के साथ समागम के दण्ड का सम्बन्ध यौनाचार से कम और ब्राह्मण पुरुषों के कर्मकाण्डी प्रदूषण से ज़्यादा है और इसमें स्नान जैसे शुद्धिकरण के कर्मकाण्डों को शामिल किया गया है।

- भारत में निष्क्रिय स्त्रैण समलैंगिकों के लिए आम बोलचाल का शब्द 'कोठी' है, जो काफी कुछ स्त्रैण-लड़कों के लिए इस्तेमाल किए जाने वाले

थाई शब्द 'कठोये' के समान है। हम यह मान सकते हैं कि इन दोनों शब्दों का मूल एक ही हो सकता है यह देखते हुए कि मध्यकाल में, भारत और दक्षिण पूर्व के बीच समुद्री सम्पर्क थे। सक्रिय पुरुष समलैंगिकों के लिए पांठी शब्द चलता है, जिसका मूल संस्कृत भाषा के पंड और पाली भाषा के पंडक में खोजा जा सकता है। क्षेत्रीय भाषाओं में इन शब्दों के कई रूप हैं।

8

रत्नावली – जो अपनी सहेली की साथी बनी

'स्कन्द पुराण' से

आनर्त नरेश की पुत्री रत्नावली और राजा के पुरोहित की बेटी ब्राह्मिणी पक्की सहेलियाँ थीं। विवाह के बाद एक-दूसरे से बिछुड़ने के विचार से ही वे काँप उठती थीं। उन्हें मर जाना इससे बेहतर लगता था ।

जब राजा को उनकी मित्रता की गहराई के बारे में पता चला तो उन्होंने फैसला किया कि वे दोनों कन्याओं का विवाह एक ही घराने में करेंगे। रत्नावली का विवाह किसी राजा से और ब्राह्मणी का उस राजा के पुरोहित से।

उन्होंने इसके लिए दशार्ण के राजा बृहदबल के पास प्रस्ताव भिजवा दिया। राजा ने इस प्रस्ताव को स्वीकार कर लिया और पुरोहित को अपने साथ ले कर आनर्त की ओर चल पड़ा।

इसी दौरान, आनर्त में एक युवक एक वेश्या के पास गया और उसने वहाँ शराब पी। इस पाप को धोने के लिए उसके सामने दो विकल्प थे—या तो उबलता हुआ घी पिये या किसी अक्षतयौवना राजकुमारी को अपनी माँ समझते हुए उसके वक्ष का स्पर्श करे। वह नौजवान अपने माता-पिता की इकलौती सन्तान था और वे उसे खोना नहीं चाहते थे। इसलिए, उस युवक के माता-पिता ने आनर्त के राजा के पास जा कर विनती की कि वे उनके पुत्र को प्रायश्चित के इस कर्मकाण्ड को पूरा करने के लिए अपनी कन्या के वक्ष को स्पर्श कर लेने की अनुमति दें, क्योंकि इस उद्देश्य के लिए दूसरा विकल्प प्राणघातक था। ।

राजा को उस युवक के माता-पिता पर दया आ गई और उस नवयुवक ने रत्नावली के वक्षस्थल को अपनी माता का वक्ष समझते हुए स्पर्श किया। रत्नावली से कहा गया था कि वह उस नवयुवक को पुत्रवत देखे। उसी क्षण रत्नावली के वक्ष से दूध की धारा बहने लगी जिससे उस युवक का शुद्धिकरण हो गया और उसके माता-पिता को भी शान्ति मिली।

जब यह बात दशार्ण के राजा बृहदबल तक पहुँची, तो वह लौट आया, क्योंकि उसने उस नारी से विवाह करने से इनकार कर दिया जो पहले से ही माता थी। उनके साथ उनका पुरोहित भी लौट आया।

इस तरह, रत्नावली का विवाह हो न पाया और ब्राह्मिणी ने विवाह करने से इनकार कर दिया। इसलिए उन दोनों अविवाहित कन्याओं ने अपने-अपने माता-पिता

का घर त्याग दिया और वन में एक सरोवर के पास शरण ले ली। वहाँ उन्होंने ऋषि भरतृयज्ञ के मार्गदर्शन में तपस्या की।

उनकी तपस्या से प्रसन्न होकर ब्राह्मिणी को वरदान देने के लिए शिव प्रकट हुए। ब्राह्मणी ने उनसे कहा कि वह तब तक कोई वरदान नहीं माँगेगी, जब तक शिव रत्नावली के सामने प्रकट होकर उसे भी वरदान नहीं देते। जिस स्थान पर शिव ने उन दोनों कन्याओं को वरदान दिया, वह पवित्र स्थान शूद्री-ब्राह्मिणी तीर्थ के नाम से तीर्थस्थल बन गया।

- किसी सरोवर, उपवन, पर्वत या नदी विशेष की पवित्रता का बखान करने वाली ऐसी कहानियाँ सभी पुराणों में पाई जाती हैं।

- यह बात कि यह पावन स्थली शूद्री (राजकुमारी के शूद्र वर्ण के हवाले से) और ब्राह्मणी (उसकी मित्र के ब्राह्मण वर्ण के हवाले से) के नाम से शूद्री-ब्राह्मणी तीर्थ कहा जाता है, भारत की जाति और वर्ण-व्यवस्था को चुनौती देने के एक प्रयास को दर्शाती है: जिसमें जाति से बाहर किसी से दोस्ती को ईश्वर का आशीर्वाद माना जाता है। क्या देवता इस सम्बन्ध की समश्रृंगारी या समकामुक (होमोइरॉटिक, homoerotic) प्रकृति के प्रति उदासीन हैं या क्षमाशील हैं ? यह किन्नरता से सम्बन्धित या विचित्र प्रश्न है जो उत्तर की माँग करता है।

- प्राचीन भारत में, राजकुमारी की कई सखियाँ होती थीं, जो अक्सर उनके विवाह के समय उनके साथ जाया करती थीं। वहाँ जा कर बहुधा वे दरबारियों से विवाह रचा लेती थीं या राजा की रखैलें भी बन जाया करती थीं, लेकिन राजकुमारी का साथ कभी नहीं छोड़ती थीं। वे उनकी सन्तान के पालन-पोषण में भी उनका हाथ बँटाती थीं।

- किन्नर प्रवृत्तियों वाला व्यक्ति इस कथा में दो स्त्रियों के बीच एक सम्बन्ध

देख सकता है। यह सम्बन्ध भावनात्मक हो सकता है, लेकिन क्या यह यौनपरक भी हो सकता है? या यह बात स्वीकार नहीं की जा सकती?

- कांचीपुरम, तिरुवनंतपुरम, कोणार्क और खजुराहो जैसे भारत के मंदिरों की दीवारों पर समलिंगी सम्भोग की छवियाँ मिलती हैं; उनमें आम तौर पर नारियाँ आवेश में आलिंगनबद्ध दिखाई गई हैं। यह प्रणयरत स्त्रियों या पुरुषों के आनन्द के लिए देवदासियों के अभिनय या महज अच्छी सहेलियों के प्रतीक हो सकते हैं। इनकी अपेक्षा, दो पुरुषों के बीच यौनक्रियाओं को दर्शाने वाली छवियाँ यहाँ कम हैं। हो सकता है कि इन दीवारों पर तीसरे लिंग अर्थात थर्ड जेंडर के व्यक्तियों की छवियाँ भी हों जिन्हें आसानी से स्त्री या पुरुष समझने की भूल की जा सकती है। कौन जाने! सब देखने वाले की नज़र पर निर्भर करता है।

- ग्रामीण समुदायों में एक पारम्परिक प्रथा है कि उन स्त्रियों की समाधियाँ बनाई जाती हैं जिनकी मृत्यु विवाह के पहले या माँ बनने के पहले ही अन्यायवश किसी भयंकर या हिंसक कारण से हो गई हो। क्या भारत में जुड़वाँ देवियों की समाधियाँ या उपासना-स्थल दो समलिंगी स्त्रियों को समर्पित किए गए हो सकते हैं, जिन्हें इस मजबूरी के चलते आत्महत्या करनी पड़ी कि समाज उन्हें अपनी इच्छा से जीवन जीने नहीं दे रहा था? हम इनकी सच्चाई कभी नहीं जान पाएँगे, क्योंकि मौखिक परम्पराएँ किन्नरता से जुड़े ऐसे विषयों को दबा देती हैं।

9

मान्धाता - जिसे एक पुरुष ने जन्म दिया

'महाभारत' से

इक्ष्वाकु वंश के राजा युवनाश्व की अनेक रानियाँ थीं लेकिन उनकी कोई सन्तान नहीं थी। उनके लिए दुखी ऋषियों ने जादुई शक्ति वाले पानी का एक घड़ा तैयार किया जिसमें राजा की पत्नियों को गर्भवती बनाने की शक्ति थी।

जब राजा ऋषियों से भेंट करने पहुँचे, तो वे प्यास से इतने व्याकुल हो गए कि अनजाने में उन्होंने उस जादुई पानी को पी लिया और गर्भ धारण कर लिया। नौ महीने बाद राजा को प्रसव वेदना उठी।

शिशु के बाहर निकलने के लिए कोई मार्ग तो था नहीं। राजा युवनाश्व ने देवताओं के वैद्य अश्विनी कुमारों को बुलाया जिन्होंने राजा को बगल से चीर कर शिशु को बाहर निकाला।

"अब मैं इसे पालूँगा कैसे?" युवनाश्व ने कहा। इसके जवाब में, देवराज इन्द्र ने अपना अँगूठा चीरा और उस कटे हुए अँगूठे से दूध रिसने लगा क्योंकि देवताओं की नाड़ियों में दूध प्रवाहित होता है जैसे इन्सानों की नसों में रक्त बहता है। इन्द्र ने नवजात शिशु को अँगूठे से दूध पिलाया। यही कारण है कि बच्चे आज भी सुकून पाने के लिए अपना अँगूठा चूसते हैं।

वह बालक जिसकी माता एक पुरुष थी, जिसकी धायमाता देवता थे और जिसे दूध पिलाने वाले अन्य देवता थे, बड़ा हो कर मान्धाता कहलाया और महान शासक बना।

- मान्धाता के जन्म की कथा को 'महाभारत' में दो बार कहा गया है। पहली बार पाण्डवों के वनवास के दौरान लोमश द्वारा और दूसरी बार कौरवों के साथ युद्ध के दौरान व्यास द्वारा। और फिर पुराणों में भी यह कथा कही गई है।

- मान्धाता का समय प्राचीन काल बताया गया है, भारत की कई भाषाओं में इसे 'स्वर्णिम युग' कहा गया है।

- पुराणों में वर्णित वंशावलियों की सूचियों में, मान्धाता भगवान राम के पूर्वज थे और सूर्यवंश से सम्बन्ध रखते थे।

- सन्तान उत्पत्ति में राजा के समर्थ न होने के कारण ऋषि के पास जाना, जो ऐसी औषधि के लिए यज्ञ का आयोजन करेगा जिससे राजा की पत्नियाँ सन्तान को जन्म देने में सक्षम हो जाएँ—यह विचार भारत के महाकाव्यों में आम है। यहाँ जिस औषधि का उल्लेख है, उसके सेवन से कोख़ पुरुष के कमजोर बीज को भी अंकुरित करने में सक्षम हो जाती है।

- पारम्परिक रूप से मान्धाता के जन्म को बहुत महत्त्वपूर्ण घटना माना गया है क्योंकि उसका जन्म बिना किसी औरत के संसर्ग के हुआ। वह अ-योनि-ज है, यानी उसका जन्म बिना कोख़ के हुआ। यही बात उसे विशेष बनाती है। वह आवागमन के चक्र को पार कर जाता है।

- यह कथा किन्नरता से जुड़े और विचित्र प्रश्न उठाती है : युवनाश्व मान्धाता का पिता है या माता? अगर माता है, तो क्या वह अपने पिता के राज सिंहासन का वारिस हो सकता है? क्या माता के रूप में युवनाश्व सिंहासन पर बैठ सकता है जबकि प्रथा के अनुसार स्त्रियों को, इसलिए माताओं को, शासन करने की मनाही है।

- अगर एक पुरुष चिकित्साशास्त्र का इस्तेमाल करके बालक को जन्म देता और उसे दूध पिलाता है, तो 'आधुनिक' समाज उसके साथ कैसा व्यवहार करेगा?

- जब याज और उपयाज द्वारा राजा द्रुपद के लिए तैयार की गई जादुई औषधि यज्ञ की वेदी में डाल दी जाती है, क्योंकि उस औषधि को पीने के लिए रानी उपस्थित नहीं थी, तो आग की लपटों से दो शिशु जन्म लेते हैं: एक बालक जिसका नाम धृष्टद्युम्न और एक कन्या जिसका

नाम द्रौपदी रखा गया। इस तरह 'महाभारत' के अनुसार सन्तान की उत्पत्ति के लिए कोख़ का होना अनिवार्य नहीं है। ऐसी ही यज्ञ से उत्पन्न जादुई औषधि की शक्ति है।

10

भंगाश्वन - जो पुरुष भी था और माँ भी

'महाभारत' से

युधिष्ठिर ने मरणासन्न भीष्म से प्रश्न किया : इस संसार में आनन्द की प्राप्ति किसे ज़्यादा होती है: पुरुष को या नारी को। "इस प्रश्न का उत्तर तो सिर्फ भंगाश्वन जैसा व्यक्ति ही दे सकता है, जिसने पुरुष का जीवन भी जिया है और नारी का भी।" भीष्म ने उत्तर दिया।

राजा भंगाश्वन ने सौ पुत्र पाने के लिए यज्ञ किया। राजा के यज्ञ से देवता प्रसन्न हुए और राजा के यहाँ यथासमय सौ पुत्र उत्पन्न हुए। दुर्भाग्यवश, इस अनुष्ठान के दौरान राजा ने देवराज इन्द्र को कोई भेंट अर्पित नहीं की। क्रोधित हो कर इन्द्र ने राजा को श्राप दिया और जिसके प्रभाव से राजा स्त्री बन गया।

यथासमय, स्त्री के रूप में भंगाश्वन ने सौ पुत्रों को जन्म दिया। इस प्रकार भंगाश्वन के यहाँ अन्ततः सौ-सौ पुत्रों के दो समूह हो गए : एक वह जो राजा को 'पिता' और एक वह जो राजा को 'माता' कहता था।

जब इन्द्र ने राजा को अपने दो सौ पुत्रों के साथ प्रसन्नतापूर्वक जीवन बिताते हुए देखा तो गुस्से से और भी आगबबूला होते हुए राजा को अभिशाप दिया कि बच्चों के दोनों गुट आपस में लड़ कर एक-दूसरे को समाप्त कर डालेंगे। जब यह श्राप फलीभूत हुआ तो भंगाश्वन शोक में डूब गया।

जब राजा को अपनी भूल और इन्द्र के कोप के बारे में पता चला, तो उसने इन्द्र को सन्तुष्ट करने के लिए भेंट तैयार की और इन्द्र से अपने बच्चों को पुनर्जीवित करने की याचना की। "मैं सिर्फ तुम्हारे बच्चों के एक ही समूह को जीवित कर सकता हूँ। वह समूह कौन सा होगा - वह जो तुम्हें 'पिता' कहता है या वह जो तुम्हें 'माता' कहता है ?" देवराज इन्द्र ने प्रश्न किया।

राजा ने उत्तर दिया, "जो मुझे 'माता' कह कर पुकारते हैं, उन्हें पुनर्जीवित कर दिया जाए।" इसका कारण पूछे जाने पर राजा ने कहा, "क्योंकि सन्तान अपने पिता की अपेक्षा अपनी माता से अधिक स्नेह करती है।"

तब इन्द्र ने पूछा कि वह क्या बन कर जीना पसन्द करेंगे—पुरुष या स्त्री तो राजा ने जवाब दिया कि वे स्त्री बन कर जीना चाहेंगे, क्योंकि यौन-क्रिया के दौरान स्त्री को पुरुष की अपेक्षा अधिक काम सुख की प्रासि होती है। राजा की सत्यनिष्ठा से इन्द्र बहुत प्रसन्न हुए और उन्होंने उसके बच्चों के दोनों समूहों को पुनर्जीवित कर दिया।

- 'महाभारत' युद्ध की कथा ही नहीं, ज्ञान का विशाल भण्डार है। इस महाकाव्य का लगभग एक तिहाई भाग पांडवों और भीष्म के वाद-संवाद से बना है। इस संवाद से शान्ति पर्व और अनुशासन पर्व नामक अध्यायों की रचना हुई। इन्हीं में राजा भंगाश्वन की कथा मौजूद है।

- यह महत्त्वपूर्ण है कि ब्रह्मचारी भीष्म मृत्युशैया पर अपने पौत्रों से यौन-क्रिया के विषय में चर्चा करते हैं। इससे यह प्रकट होता है कि आज की अपेक्षा उस समय की भारतीय मूल्य-व्यवस्था काफी भिन्न थी।

- इसी प्रकार की एक कथा ग्रीक पौराणिक कथाओं में भी मिलती है जो सन्त टाइरिसियास से सम्बन्धित है। एक दिन, दुर्भाग्य से सन्त के हाथों मैथुनरत साँपों के एक जोड़े में मादा सर्प की हत्या हो जाती है और वह औरत में बदल जाता है। वर्षों बाद, स्त्री का जीवन व्यतीत करते हुए वह एक मैथुनरत सर्पयुग्म में नर सर्प की हत्या कर देता है और पुरुष के रूप में परिवर्तित हो जाता है। उस सन्त को एक सवाल का जवाब देने को कहा गया जिसने ओलिम्पिया में देवों के राजा ज़्यूस और रानी हेरा के बीच उग्र बहस का रूप ले लिया था। उन्होंने उससे पूछा कि यौन क्रिया के दौरान किसे अधिक काम सुख प्राप्त होता है—पुरुष को या स्त्री को। टाइरिसियास ने जवाब दिया कि स्त्री को यह सुख अधिक प्राप्त होता है। ज़्यूस हँस देते हैं और हेरा इतनी परेशान और क्रोधित हो उठती है कि वह उस सन्त को नेत्रहीन होने का अभिशाप दे देती है।

- किन्नर प्रवृत्ति वाले (क्वियर) व्यक्ति भंगाश्वन को एक उभय-लिंगी (बाइ-सेक्सुअल) पुरुष के रूप में देख सकते हैं जो गुदा-मैथुन में प्रवेश करने वाले के साथ-साथ प्रवेश करवाने वाले साथी के आनन्द को अनुभव करता है और इस तरह, उसे यह पता है कि नर और मादा, दोनों की भूमिका निभाने से कैसा

महसूस होता है। वे उसे एक समलैंगिक (गे, gay) विवाहित पुरुष के रूप में देखेंगे जो अपने और अपने प्रेमी के बच्चों को अपना ही मानता है। वह पहले समूह का पिता है और दूसरे समूह की माता। वे इस कहानी को एक रूपक की तरह देखेंगे जैसा कि अधिकांश लोग पौराणिक कथाओं को देखते हैं। जो लोग किन्नरता से असहजता महसूस करते हैं, वे कहानी को युक्तिसंगत प्रमाणित करने के सभी प्रयासों को नामंजूर करते हुए उसे उसी रूप में देखना पसन्द करेंगे जिस रूप में वह बयान की गई है।

- 'मनुस्मृति' और 'नारद-स्मृति' जैसे विधि-ग्रन्थ और सुश्रुत-संहिता जैसे चिकित्सा शास्त्र, ये सभी दूसरी और पाँचवीं शताब्दी ईस्वी के मध्यकाल में रचे गए हैं। इनमें हम ऐसे कई शब्द पाते हैं जो किन्नर व्यवहार करने वाले लोगों की तरफ इशारा करते हैं, ऐसे पुरुष जो समुचित रूप से पुरुष नहीं है, जैसे पंड, शंड, क्लीब और नपुंसक।

11

उर्वशी – जिसे किसी नारी ने जन्म नहीं दिया

'भागवत पुराण' से

किसी समय नर और नारायण नाम के दो योद्धा थे जो एक ही रथ पर सवार हो कर असुरों का वध करते थे। वे दोनों तपस्वी भी थे जो हिमालय पर्वत पर बदरी वृक्ष के नीचे ध्यान लगाते थे।

उनकी शक्ति से भयभीत हो कर देवराज इन्द्र ने उन दोनों का ध्यान भंग करने के लिए कई अप्सराएँ भेजीं। जब नर ने इन दिव्य युवतियों को निकट आते देखा, तो वे नारायण की ओर मुड़े जिन्होंने अपनी जाँघ पर आम के पत्ते के डंठल से एक सुन्दर स्त्री का चित्र बनाया। इसके परिणामस्वरूप जो अप्सरा प्रकट हुई, वह इन्द्र द्वारा भेजी गई सभी अप्सराओं से कहीं ज़्यादा सुन्दर थी।

उस स्त्री का नाम उर्वशी रखा गया, क्योंकि वह नारायण के उरु (जाँघ) से प्रकट हुई थी। आगे चल कर वह इन्द्र की सबसे प्रिय अप्सरा बनी।

- नर और नारायण दो जुड़वाँ सन्त हैं, जो हिमालय पर बद्रिकापुरी में तपस्या सम्बन्धी प्रथाओं से जुड़े रहे हैं। वे अपने ब्रह्मचर्य के लिए और इसीलिए तपस्वियों से डरने वाले इन्द्र के विरुद्ध अपने कार्यों से जाने जाते हैं।

- भारत की तप सम्बन्धी परम्पराओं में, नारी के साथ संसर्ग को भोग माना गया है, जो जीवन में आनन्द भरता है, लेकिन उसे नश्वर बना देता है, जबकि नारी से दूर रहने को योग माना गया है, जिससे जीवन आनन्दमय और अमरत्व से परिपूर्ण हो जाता है। इस विश्वदर्शन में, यौनक्रिया और आनन्द को विशुद्ध रूप से पुरुषों और स्त्रियों के संदर्भ में देखा जाता है जिसमें पुरुषों को लुभाया जा सकता है और स्त्रियाँ लुभाने का काम करती हैं।

- देवगढ़ के गुप्तकालीन मंदिर में पाई जाने वाली नर और नारायण की प्रतिमाएँ भारत के मंदिरों में पाई जाने वाली सबसे पहली प्रतिमाएँ हैं। इस छवि में, नर के दो हाथ दिखाए गए हैं जबकि नारायण के चार हाथ दिखाई देते हैं जिससे यह सामान्य धारणा प्रमाणित होती है कि नर

(पुरुष) शिष्य है और वह नारायण (भगवान) का अनुयायी है।

- स्वामीनारायण पंथ के अधिकांश मंदिरों में नर-नारायण की प्रतिमाएँ स्थापित हैं। इन मंदिरों में, दोनों एक समान लगते हैं और उनकी चार भुजाओं में विष्णु से सम्बद्ध चार प्रतीकों को दिखाया गया हैं : शंख, गदा, पद्म और चक्र।

- पुरुष द्वारा अपनी जाँघ से बालक को जन्म देने का विचार पौराणिक कथाओं में पुराना है, जैसा कि मान्धाता की कहानी में मौजूद है।

- 'महाभारत' और 'भागवत पुराण' में, अर्जुन और कृष्ण को नर और नारायण के रूप में दिखाया गया है। वे दोनों एक साथ साहसिक कार्य करते हैं, लेकिन यह स्पष्ट है कि उन दोनों में समान स्तर का सम्बन्ध नहीं है, अर्जुन शिष्य और कृष्ण गुरु हैं, भगवान हैं।

- यहाँ किन्नर प्रवृत्ति या विलक्षणता से जुड़ा प्रश्न यह है कि उर्वशी ने नारायण और नर को कैसे पहचाना होगा जबकि वे दोनों अभिन्न थे, अलग नहीं किए जा सकने वाले? क्या वे दो पिता हो सकते थे? क्या यह स्वीकार्य होगा?

- बद्रिकापुरी में एक छोटा-सा मंदिर उर्वशी को समर्पित है।

- 'ऋग्वेद' में उर्वशी नामक अप्सरा का उल्लेख है जो पुरुरवा नामक राजा के प्रेमपाश में बँध गई थी। उसे इन्द्र के राज्य लौटना पड़ा। उसके विछोह से अत्यंत दुखी हो कर पुरुरवा पागल हो गया, इसी दुख में उसकी मृत्यु हो गई और अन्त में वह एक गंधर्व बन गया ताकि वह उसके संग रह सके।

- दो अभिन्न जुड़वाँ साधुओं का विचार बौद्ध जातक कथाओं में भी मिलता है। गुरु केशव को जब एक राजा ने उनके प्रिय शिष्य कप्प से अलग कर दिया

तब वे रोगग्रस्त हो गए। अपने शिष्य को दोबारा देख कर वे फिर से चंगे हो गए। आम तौर पर इसे एक आदर्श आध्यात्मिक सम्बन्ध के रूप में देखा जाता है, और सूफी रहस्यवाद में भी इसे एक आध्यात्मिक सम्बन्ध के रूप में देखा गया है, उदाहरण के तौर पर फारसी के कवि रूमी और शम्स के बीच और दिल्ली में जमाली और कमाली के बीच सम्बन्ध को इसी रूप में देखा जाता है। लेकिन क्या किन्नर प्रवृत्ति वाली दृष्टि को उन्हें ग़ैर-रूमानी रूप में देखने की अनुमति है? क्या आश्रम और मठ-व्यवस्था वैकल्पिक दृष्टिकोण की अनुमति देगी ?

12

भगीरथ – जिसे दो नारियों ने जन्म दिया

कृत्तिवास की बांगला कृति 'रामपंचाली' से

राजा दिलीप की दो पत्नियाँ थीं, लेकिन कोई सन्तान नहीं थी। राजा ने ऋषियों से विनती की कि वे एक ऐसी औषधि तैयार करें जिसके सेवन से उसकी पत्नियाँ गर्भवती हो सकें, लेकिन दुर्भाग्य से, औषधि के तैयार होने से पहले ही राजा की मृत्यु हो गई।

ऋषियों ने एक रानी को यह परामर्श दिया कि वह उस औषधि का सेवन कर ले और दूसरी रानी को पहली रानी के पास एक पति की तरह जाने की सलाह दी। इस विधि से एक बालक का जन्म हुआ, जिसका नाम भगीरथ रखा गया क्योंकि उस बालक का जन्म दो भगों अर्थात् योनियों के संयोग से हुआ था।

लेकिन उस बालक के शरीर में हड्डियाँ नहीं थीं। वह सिर्फ़ मांस का एक पिण्ड ही था। एक दिन, विकृत शरीर वाले ऋषि अष्टावक्र महल के पास से गुज़र रहे थे। उनकी निगाह विरूप भगीरथ पर पड़ी। उसे देख कर ऋषि को दुख हुआ और उन्होंने उसे आशीर्वाद दिया कि उसके शरीर में हड्डियाँ आ जाएँ। इस तरह भगीरथ का शरीर सामान्य हो गया और बाद में वह एक महान राजा बना।

- ब्राह्मण धर्माचार्यों द्वारा रचे गए संस्कृत साहित्य में इस कथा का उल्लेख नहीं है। अभिजात वर्ग की भाषा होने के कारण भारत में संस्कृत को बहुत महत्त्व दिया जाता है, लेकिन इसे किसी भी समय पाँच प्रतिशत से अधिक लोग नहीं बोलते थे। इंडो-यूरोपीय भाषा होने के कारण ही अंग्रेज़ इसे महत्त्व देते थे। लेकिन भारत का ज़्यादातर ज्ञान अन्य भारतीय भाषाओं के माध्यम से ही जनसाधारण तक पहुँचा है, संस्कृत के माध्यम से नहीं।

- यह कहानी अपने अनोखेपन में बंगाली है और शायद इसकी रचना भगीरथ के नाम को 'भग' यानी योनि और रति यानी यौन सुख के मूल से उपजा बताने के लिए की गई। लेकिन संस्कृत में इस नाम के अलग अर्थ भी हो सकते हैं जैसे 'वह व्यक्ति जो शानदार रथ का स्वामी हो।' आज भगीरथ का अर्थ है, जो अत्यन्त कठिन प्रयास करता है।

- भगीरथ ने देवताओं का आह्वान किया और गंगा को आकाश से धरती पर उतारने के लिए उन्हें मजबूर कर दिया, ताकि जिनकी राख इसके पानी में प्रवाहित की जाए, उन सभी को पुनर्जन्म मिल सके। यह भगीरथ को एक विशिष्ट व्यक्ति बनाता है। ऐसे व्यक्ति का सामान्य जन्म नहीं हो सकता। वह मान्धाता के बिल्कुल विपरीत है, क्योंकि उसके जन्म में किसी पुरुष का योगदान नहीं है।

- कई अर्थों में, भगीरथ गणेश जैसे हैं, जिनकी रचना उनकी माता, एक देवी ने अपने शरीर पर लगाए हुए हल्दी और चंदन के उबटन को उतार कर की थी। इसी कारण उन्हें विनायक के नाम से भी जाना जाता है—अर्थात् बिना (विना) पुरुष (नायक)। लेकिन गणेश के विपरीत भगीरथ की रचना दो स्त्रियों द्वारा हुई, जबकि गणेश की रचना अकेले उनकी माता ने की।

- भारत एक कृषक समुदाय है और इसलिए नारी को महज खेत और नर को बीज रोपने वाले किसान के रूप में देखना आम बात थी।

- पारम्परिक धारणा में, बालक को हड्डियों और तंत्रिकाओं जैसे शरीर के सभी मजबूत तत्व पिता से और माँस और रक्त जैसे सुकोमल तत्व माता से मिलते हैं। कहानियों में, देवी के साथ एक विवाद के कारण एक ऋषि अक्सर अपनी देह के सभी नाजुक और तरल हिस्से त्याग देते हैं और सिमट कर हड्डियों की गठरी भर रह जाते हैं। इस कहानी में, इसके विपरीत घटित हुआ : बालक माँस और रक्त का एक पिण्ड मात्र है जिसके शरीर में हड्डी का नाम भी नहीं है।

- 'कामसूत्र' में राजा के अन्त:पुर में अपनी यौन सन्तुष्टि के लिए औरतों द्वारा अक्सर वस्तुओं के प्रयोग का हवाला दिया गया है। इसमें ऐसी औरतों की चर्चा भी की गई है जिनका कौमार्य उँगली के इस्तेमाल से अन्य स्त्रियों द्वारा भंग किया जाता था। कौटिल्य और मनु के धर्मशास्त्रों में इसे अपराध माना

गया है जिसके लिए दण्ड के रूप में उँगली को काट दिया जाता था। स्त्री के साथ बलपूर्वक संभोग करने पर यही दण्ड पुरुष के लिए भी है, जो यह दर्शाता है कि इस दण्ड का प्रावधान समलैंगिकता के लिए उतना नहीं है जितना स्त्री, विशेष रूप से अक्षत योनि स्त्री, के साथ बलपूर्वक सहवास करने के लिए है।

- दो माताओं या द्वि-मातृ का विचार ऋग्वेद में एक रूपक के रूप में प्रकट होता है। आग के देवता—अग्नि, दो माताओं की सन्तान कहलाते हैं, यानी आग की दो छड़ों के आपसी घर्षण से अग्नि की उत्पत्ति होती है, क्योंकि यह घर्षण है, प्रवेश नहीं है जिससे उनका जन्म होता है। कई बार दो छड़ें पिता और माता कहलाती हैं, क्योंकि एक छड़ दूसरी छड़ के भीतर छेद करती है।

13

स्कन्द – जिनकी सभी माताएँ नारी नहीं थीं

'महाभारत' और कई पुराणों से

तारक नामक असुर को यह वरदान मिला था कि उसका वध सिर्फ छः दिन का बालक ही कर सकता था। इस वरदान ने उसे लगभग अमर बना दिया था। उसने देवताओं पर आक्रमण करके उन्हें पराजित किया और देवनगरी अमरावती से बाहर खदेड़ दिया।

अब देवता विचार करने लगे कि वे ऐसा बालक कहाँ से लाएँ, जो अपने जीवन के सातवें दिन ऐसे भयानक असुर से लड़ाई लड़ने में सक्षम हो। 'ऐसे बालक को सिर्फ शिव ही जन्म दे सकते हैं। शिव के युगों से सँजोये गए और उनके तप की शक्ति से देदीप्यमान वीर्य से ही ऐसे बालक का जन्म हो सकता है।' इसलिए देवताओं ने मातृ-शक्ति से प्रार्थना की कि वे शैलपुत्री पार्वती का रूप धरें, शिव को मोहित करके उन्हें गुफा से बाहर लाएँ, फिर उनसे विवाह करें और उनसे प्रणयलीला करके उनके बीज को बाहर निकालें।

बहुत कठिनाई के बाद अन्ततः पार्वती तपस्वी भगवान शिव की दुल्हन बनने में सफल हुईं। गृहस्थ के तौर पर शिव ने पार्वती से प्रेम किया। हालाँकि वे दोनों सैकड़ों बरसों तक समागम करते रहे, शिव का वीर्य कभी स्खलित नहीं हुआ। भयभीत देवताओं ने अग्नि देव से मदद माँगी। अग्निदेव ने एक पक्षी के रूप में शिव की गुफा में प्रवेश किया और उनकी प्रेम-क्रीड़ा में व्यवधान डाल दिया। अग्निदेव के इस अनधिकार प्रवेश से पार्वती परेशान हो गईं और शिव से अलग हो गईं। उसी क्षण शिव के वीर्य की धारा पूरे आवेग से बह निकली जिसे अग्निदेव ने अपने मुख में ग्रहण कर लिया। शिव के वीर्य में इतना तेज था कि उसे धारण करने के लिए वायु के देवता पवनदेव को बुलाया गया।

जब पार्वती ने यह सब देखा तो वे क्रोधित हो उठीं। "इस बीज को पालने का अधिकार सिर्फ़ मेरा है। देवताओं ने मुझे मेरे बच्चे से वंचित किया है। इसलिए वे कभी बालकों के पिता नहीं बन पाएँगे। इसकी बजाय, उन्हें दण्ड मिलना चाहिए और उन्हें पता चलना चाहिये कि गर्भ धारण करने का मतलब क्या होता है।" उनके इस श्राप के फलस्वरूप, शिव का बीज सभी देवों की देह में रिस कर पहुँच गया और उन सबने गर्भ धारण कर लिया। जब उन्हें असहनीय पीड़ा होने लगी तो वे दया की याचना करने लगे और शिव को मनाने की कोशिश करने लगे। ज़्यादा मनाने पर शिव का बीज

देवताओं के शरीरों को छोड़ कर पुनः अग्नि में प्रवेश कर गया।

उसी पल, ब्रह्माण्ड के सात ऋषियों की सात पत्नियों में से छः ठंड से बचने के लिए पवित्र अग्नि के सामने बैठी थीं। अग्निदेव के तेज और प्रकाश से शिव का बीज रिस कर इन छः स्त्रियों के शरीर में पहुँच गया। जब ऋषियों को पता चला कि उनकी पत्नियाँ गर्भवती हैं, तो उन्होंने उन पर व्यभिचार का आरोप लगा कर घर से बाहर निकाल दिया। इससे उन स्त्रियों को बहुत क्रोध आया और उन्होंने अपने शरीर से उन भ्रूणों को बाहर निकाल कर गंगा में बहा दिया।

भ्रूणों में इतना तेज था कि नदी के पानी में उबाल उठने लगा और नदी के किनारे सरपत के जंगलों में आग लग गई और सुलगती राख के भीतर भ्रूण आपस में मिल गए और छः सिरों और बारह भुजाओं वाले बालक में रूपान्तरित हो गए।

पहले पहल तो ऋषियों के द्वारा त्याग दी गईं छः पत्नियों ने—जिन्हें कृतिकाएँ कहा जाता था—उस बालक को मारने का प्रयत्न किया, लेकिन जब उन्होंने उस बालक को देखा तो उनके वक्षों से दूध रिसने लगा। अन्ततः उन्होंने उस बच्चे को पालने का फ़ैसला किया।

पार्वती, अग्नि, वायु, कृतिकाएँ, गंगा और नदी के सरपतों की देवी श्रावणी भी बालक पर अपना-अपना अधिकार जताने के लिए आपस में लड़ने लगीं। तब शिव ने उन्हें समझाया कि बालक का सम्बन्ध तो उन सबसे है, क्योंकि उसकी रचना में सबने सहायता की है। शिव के इस पराक्रमी पुत्र ने जब युद्ध में प्रवेश किया, तो उस समय उसकी आयु मुश्किल से छः दिन की थी। उसने तारकासुर को चुनौती दी और भाले से उसका वध कर दिया।

- स्कन्द को उत्तर में कार्तिकेय और दक्षिण में मुरुगन भी कहा जाता है।

- 200 ई.पू. से 1500 ईस्वी की अवधि के बीच रचे गए शास्त्रों में स्कन्द की उत्पत्ति को लेकर कई भिन्न भिन्न कथाएँ हैं। अधिकांश कहानियों में स्कन्द की कई माताएँ बताई गई हैं। उनमें दो तो पुरुष देवता हैं : आग के देवता अग्निदेव और वायु के देवता पवनदेव।

- 'महाभारत' में स्कन्द के जन्म की कथा में शिव का कोई उल्लेख नहीं है। अग्निदेव सात ऋषियों की पत्नियों को लुभाना-फुसलाना चाहते हैं। इसके स्थान पर अग्निदेव की पत्नी इन औरतों का रूप धारण कर लेती है और ऋषियों के प्रकोप से अग्नि की रक्षा करने के लिए अग्नि से समागम करती है। इन एकाधिक संभोगों से एक महान योद्धा का जन्म होता है जो असुरों के विरुद्ध युद्ध में देवताओं का नेतृत्व करता है।

- दक्षिण भारतीय लोकगीतों में, महान तपस्वी शिव की कहानी है जिनके बीज में इतना तेज है कि उसके लिए एक से अधिक गर्भ आवश्यक हो जाते हैं। इस प्रकार एक शूरवीर बालक का जन्म होता है। वह अक्सर अपनी छः अक्षतयौवना माताओं या युद्ध की देवी कौरवाई के साथ दिखाई देता है।

- बहुतों की यह राय है कि स्कन्द जंगली जातियों के एक शक्तिशाली देवता थे जिनसे वैदिक परम्परा में हर कोई जुड़ना चाहता था और इसलिए वे अग्निदेव, पवनदेव, वनदेवियों, नदी देवी और नदी-तट के सरपतों की देवी के साथ और अन्ततः शिव और पार्वती के साथ सम्बद्ध हो गए।

- बौद्ध पूर्व हिन्दू धर्म में, अग्नि एक शक्तिशाली देवता थे। बौद्धकाल के बाद के पौराणिक हिन्दू धर्म में, शिव शक्तिशाली देवता बने। इस परिवर्तन के साथ 'महाभारत' में स्कन्द के पिता अग्नि, पुराणों में स्कन्द की माता बनते हैं और यहाँ उनके साथ वायुदेव और देवियाँ भी हैं। माता-पिता की भूमिका में इस परिवर्तन पर किसी को आपत्ति नहीं प्रतीत होती, जब तक कि इस ओर विशेष ध्यान न दिलाया जाए।

- 500 ई.पू. के आस-पास, स्कन्द उत्तर भारत में एक लोकप्रिय देवता थे और गुप्त शासकों के इष्टदेव थे। वे बहुत पौरुषपूर्ण प्रतीकों वाले—मुर्गा, मेश, मयूर, भाला, रक्तिम मणि और मंगल ग्रह—और पुरुषत्व की पराकाष्ठा थे। वे युद्ध के पौरुषपूर्ण देवता थे। बाद में, उनकी विशिष्टता मंद पड़ गई। अपने

माता-पिता से नाराज़ हो कर उनके दक्षिण की ओर प्रस्थान कर जाने की कहानियाँ भी मिलती हैं।

- दक्षिण में स्कन्द एक बहुत प्रिय देवता हैं। सुब्रमण्य की, जिनके नाम का अर्थ है शुद्ध रत्न, दो पत्नियाँ हैं—अलौकिक सेना और लौकिक वल्ली। पूर्व में, बंगाल और उड़ीसा में उन्हें शक्तिशाली और उच्छृंखल ज़मींदारी जीवन-शैली से जोड़ा जाता है और उन्हें अपने विद्वान भाई गणेश के स्वभाव के बिल्कुल विपरीत माना जाता है। लेकिन उत्तरी और पश्चिमी भारत में, स्त्रियाँ उनके मंदिरों से दूर रहती हैं क्योंकि उनका सम्बन्ध युद्ध और वैधव्य से जोड़ा जाता है। बल्कि हरियाणा में एक कथा में वे अपने शरीर के सभी "स्त्रैण" तत्व त्याग देते हैं और सभी स्त्रियों को ठुकराते हुए सिर्फ हड्डी मात्र रह जाते हैं।

- पुराणों में, एक कथा है जिसमें युद्ध और पौरुष ने स्कन्द को लैंगिक रूप से इतना आक्रामक बना दिया था कि उन्हें रोकने का एक ही रास्ता रह गया था कि उन्हें हर औरत में अपनी माता दिखाई दे। इससे चौंक कर स्कन्द ने फैसला किया कि वे विवाह और नारी-सम्बन्धी हर चीज़ का निषेध कर देंगे। वे तपस्वी बन जाते हैं। यह भोगी और योगी, तपस्वी और गृहस्थ के बीच के आम तनाव को दर्शाता है जो सभी भारतीय दर्शनों में पाया जाता है।

14

इरावान - जिसकी पत्नी पूरी तरह से एक पुरुष थी

तमिलनाडु की मौखिक परम्पराओं से

कौरवों और पाण्डवों के बीच कुरुक्षेत्र के मैदान में भीषण युद्ध हुआ। दोनों पक्ष बराबर की टक्कर के थे।

पाण्डवों की तरफ यह दैवी भविष्यवाणी हुई कि रणदेवी को प्रसन्न करने और अपनी विजय को सुनिश्चित करने के लिए नरबलि देना ही एकमात्र उपाय था। पाण्डवों के शिविर में तीन लोग ऐसे थे जिन्हें बलि के योग्य पाया गया— दिव्य मार्गदर्शक कृष्ण, महान योद्धा अर्जुन और इरावान जो अर्जुन और एक नाग राजकुमारी का पुत्र था।

चूंकि कृष्ण और अर्जुन के बिना उस युद्ध की कल्पना भी नहीं की जा सकती थी, इसलिए पाण्डवों ने इरावान की बलि चढ़ाने का निर्णय लिया। लेकिन बलि चढ़ने से पहले उसे एक पत्नी की चाह थी, क्योंकि विवाह उसे दाह संस्कार और उचित अन्त्येष्टि का अधिकारी बना देता। ''ऐसे जीवन का मतलब ही क्या जिसमें तुम्हारे मरने के समय विलाप करने के लिए एक स्त्री भी न हो?'' उसने कहा।

लेकिन इस धरती पर एक भी स्त्री ऐसे पुरुष से विवाह करने की इच्छुक न थी, जो अपने विवाह के अगले दिन ही मर जाने वाला था। हताश हो कर पाण्डव कृष्ण की शरण में गए। तब कृष्ण ने अपना रूप बदल कर मोहिनी नामक एक रमणीय नारी का रूप ले लिया। उसने इरावान से विवाह रचाया, उसके साथ रात बिताई और दिन निकलने पर जब उसकी बलि दे दी गई, तो वह एक विधवा की तरह विलाप करने लगी। किसी विधवा ने अपने पति के शोक में इतना विलाप नहीं किया होगा, जितना कृष्ण ने किया।

- पारम्परिक रूप से कृष्ण को 'पूर्ण पुरुष' के रूप में जाना जाता है। यहाँ पुरुष को चेतना के साथ जोड़ा जाता है जो लिंग की दृष्टि से तटस्थ है, जिसका कोई लिंग नहीं होता। यही कारण है कि कृष्ण अपने स्त्री पक्ष के साथ भी सहज महसूस करते हैं जैसा कि स्त्रियों के साथ जुड़ी वस्तुओं के उनके साथ जुड़े होने से प्रकट होता है। उदाहरण के लिए नथ, बालों की चोटी, पैरों पर लगाने के लिए लाल रंग का आलता और

त्रि-भंगी मुद्रा, जिसमें खड़े होते समय शरीर गर्दन, कमर और कलाई से मुड़ा होता है।

- यह कथा तमिल 'महाभारत' का एक अंश है। इसमें कई कहानियाँ हैं जो इसे अनुपम बनाती हैं। तमिलनाडु के कई हिस्सों में इन कथाओं को पारम्परिक रूप में अभिनीत किया जाता है, ठीक वैसे ही जैसे गंगा के मैदानी क्षेत्रों में रंगमंच पर रामलीला का मंचन होता है।

- व्यास द्वारा संस्कृत में रची 'महाभारत' में, इरावान का संदर्भ आता है, जो अर्जुन और उसकी पत्नी उलूपी नामक नागकन्या की सन्तान है और जो कौरवों के खिलाफ रणभूमि में अपने पिता का साथ देता है। इसमें उसके बलि चढ़ाए जाने का कोई उल्लेख नहीं मिलता।

- हर साल पॉण्डिचेरी के निकट कूवगाम नामक गाँव में इरावान की कथा का मंचन होता है। उसका सम्बन्ध ग्राम देवता कूथनदावर के साथ है, जो शिव के साथ भी जुड़े हैं। कूथनदावर की एक विशाल मूर्ति के साथ उनकी शोभायात्रा निकाली जाती है और उसके बाद उनकी मूर्ति के साथ-साथ उनकी चूड़ियां भी तोड़ दी जाती हैं और उनके देहावसान का शोक मनाया जाता है। कूथनदावर के शीश को विशेष प्रमुखता दी जाती है क्योंकि कुरुक्षेत्र के अट्ठारह दिन तक चले युद्ध को उनके शीश ने एक सुविधाजनक मोर्चे से देखा था और उससे यह भी पता चला कि यह युद्ध कृष्ण के छल-कपट का परिणाम था, जिसकी वजह से दुष्ट राजा का रक्त धरती पर गिरता है और धरती माँ उसे पी जाती है। यही धरती माँ काली का रूप धारण करके क्रोधवश अपनी जिह्वा को बाहर निकाल लेती है क्योंकि वह उनकी दुष्टता से थक चुकी है।

- इरावनियाँ या इरावान की पत्नियाँ पार-लिंगी हैं, लेकिन उनके लिए अपने को बधिया करना अनिवार्य नहीं है। उनके लिए लगातार 'थिरु-

नंगई' शब्द का प्रयोग किया जाता है जिसका अभिप्राय है 'पुरुष-स्त्री'।

- कृष्ण या विष्णु द्वारा स्त्री-रूप धारण करने का विचार एक सामान्य धारणा है। कृष्ण की छवियों में वे अक्सर औरतों की तरह नथ और वेणी धारण किए दिखाए जाते हैं। धर्म की रक्षा के लिए विष्णु ने कई रूप धारण किए जैसे पशु, मानव, पुरोहित, राजा, दास, पुरुष और नारी।

एक लड़की का पति रात को कभी उसके पास नहीं आता था। इसकी बजाय वह अपने सफेद घोड़े पर सवार होकर जंगल में निकल जाता था। लेकिन इसके लिए हर कोई लड़की ही को दोषी ठहराता था। वे व्यंग्य से कहते कि वह औरत अपने पति के योग्य नहीं थी। वे यही मानते थे कि शायद उसके पति ने किसी दूसरी जगह कोई रखैल रखी हुई है।

अपने पति के इस रहस्य को जानने की ठान कर उस लड़की ने एक रात अपने पति का पीछा करने का फैसला किया। लेकिन उसके पास कोई घोड़ा नहीं था जिससे वह पीछा करती। एक जंगली मुर्गे ने उसकी परेशानी भाँपकर अपने आप को सवारी के रूप में पेश किया। लड़की मुर्गे पर सवार हो गई और उसने जंगल में छान-बीन करके आख़िरकार अपने पति को एक खुली जगह में पा ही लिया, जहाँ वह हिजड़े जैसा व्यवहार कर रहा था।

उस लड़की ने बहुचर नाम की एक भयंकर देवी का रूप धारण करके पूछा "अगर तुम ऐसे थे, तो तुमने मुझसे विवाह करके मेरा जीवन क्यों बर्बाद किया?" डर से काँपते हुए, उसके पति ने बताया कि उसे विवाह के लिए मजबूर किया गया था ताकि वह सन्तान को जन्म देकर अपने वंश का नाम आगे बढ़ा सके।

खुद को ठगा महसूस करते हुए, मगर फिर भी अपने पति पर दया की भावना से बहुचर ने घोषणा की, "तुम जैसे पुरुषों को चाहिए कि वे खुद को बधिया कर लें, स्त्रियों जैसी पोशाक पहनें और देवी के रूप में मेरी पूजा करें।"

- बहुचर ने ठीक-ठीक क्या देखा था, उसके विषय में मिलने वाली जानकारी स्पष्ट नहीं है क्योंकि भिन्न-भिन्न मौखिक वाचनों से भिन्न-भिन्न ब्योरे मिलते हैं। कहीं-कहीं उसका पति औरतों की तरह कपड़े पहने होता था। कुछ में वह वास्तव में दूसरे पुरुषों के साथ यौन-क्रिया करता है। और कुछ वाचनों में यह रहस्योद्घाटन होता है कि या तो उसके जननांग हैं ही नहीं या अगर हैं भी तो विकृत पुरुष जननांग हैं।

15

बहुचर – जिसका पति एक अधूरा पुरुष था

हिजड़ों की मौखिक परम्परा से

- गुजरात में बने बहुचर के मंदिर में उस झील की स्मृति है, जिसने एक पुरुष को स्त्री में, एक घोड़ी को घोड़े में और एक कुतिया को कुत्ते में परिवर्तित कर दिया था।

- इस बात का पता चलने पर कि उसका पति उसे सन्तुष्ट नहीं कर सकता, क्रुद्ध हो जाने वाली राजकुमारी का विचार उन नारियों की दुर्दशा को प्रकट करता है जो समलैंगिक (गे, gay) पुरुषों से विवाह करने के लिए मजबूर की जाती हैं क्योंकि कुछ लोगों का विचार है कि इससे वह पुरुष 'सुधर' जाएगा।

- 'महाभारत' के अनुसार, पाण्डु की दो पत्नियाँ थीं, लेकिन एक ऋषि के शाप के कारण पाण्डु उनसे शारीरिक सम्बन्ध नहीं बना सकता था। पाण्डु का अर्थ ही है फीका और कमज़ोर और सम्भव है यह संस्कृत के शब्द 'पण्ड' से जुड़ा हो जो उन पुरुषों के लिए प्रयुक्त होता है, जो कई कारणों से औरतों के साथ यौन सम्बन्ध स्थापित करने के योग्य नहीं होते।

- हिजड़ों के बहुत-से समुदायों में हिजड़ों के बधियाकरण समारोह के दौरान, जिसे 'निर्वाण' कहा जाता है, मुर्गे पर सवार देवी—बहुचर-माता—का आह्वान किया जाता है। यह कर्मकाण्ड एक पहचान के अन्त और नयी पहचान के जन्म का सूचक है। 'निर्वाण' शब्द का प्रयोग यह बताता है कि बधियाकरण को मुक्ति के रूप में देखा जाता है। बौद्ध धर्म में 'निर्वाण' शब्द का प्रयोग उन सभी अवधारणाओं से मुक्त होने के संदर्भ में होता है जो हमें बाँधती हैं और दु:खों का कारण बनती हैं।

- पश्चिमी शब्दावली के अनुसार हिजड़ा शब्द कई अर्थों में इस्तेमाल होता है—जैसे विपरीत-लिंगी वेश धारण करने वाले समलिंगी (क्रॉस-ड्रेसिंग होमोसेक्सुअल, crosss-dressing homosexual), पुरुष-से-नारी पार-लिंगी व्यक्ति (female transgendered person) और हिजड़ा। लेकिन हिजड़े अपनी पहचान इस तरह नहीं बताते। हिजड़ों को किसी एक घराने से

जुड़ना पड़ता है जिसे एक गुरु या नायक चलाता है। सभी पार-लिंगी व्यक्ति हिजड़े नहीं होते और यह ज़रूरी नहीं कि उन सबका बधियाकरण हुआ हो।

- 'हिजड़ा' (उच्चारण 'हिज-ड़ा) शब्द का मूल सामी-अरबी-फारसी 'हिज्र' शब्द से जुड़ा हो सकता है, जिसका आशय एक कबीले में उचित स्थान न होना हो सकता है। पाकिस्तान में 'ख़्वाजासरा' शब्द ज़्यादा लोकप्रिय हो रहा है जो ज़्यादा सम्मानजनक है।

- अंग्रेज़ी राज के दौरान हिजड़ों को 'अपराधी जनजाति' समझा जाता था। पूरे दक्षिण एशिया में अदालतें हिजड़ों समेत पार-लिंगी व्यक्तियों को 'तीसरे लिंग'—थर्ड जेंडर—के रूप में स्वीकार करने लगी हैं।

- हिजड़े बहुचर माता ही नहीं, बल्कि बहुत-से सूफी पीरों का भी आह्वान करते हैं। एक हिजड़े की कहानी है जो एक सूफी पीर की नि:स्वार्थ सेवा करता है। उसकी सेवा से प्रसन्न होकर सूफी पीर ने अपनी मौत से पहले उसे एक वरदान माँगने को कहा। उसने एक माँ बनने की इच्छा व्यक्त की। उसकी मनोकामना पूरी हुई और सूफी पीर की मृत्यु हो गई। प्रसव के समय, हिजड़े को एहसास हुआ कि उसके शरीर में शिशु के बाहर आने के लिए कोई रास्ता नहीं था। इसलिए उसने ज़ोर दिया कि शिशु को जीवित जन्म देने के लिए उसका पेट काट दिया जाए। उसने अपनी जान देकर अपने शिशु के जीवन को बचाया। इस प्रकार, उसने एक माँ बनने के लिए मौत को गले लगा लिया।

16

अर्जुन - संयम का प्रदर्शन करने के लिए जिसका अस्थाई तौर पर बधियाकरण किया गया

'महाभारत' से

इन्द्र की सबसे पसंदीदा अप्सरा उर्वशी जब भी उकता जाती, वह इन्द्र की अमरावती छोड़ कर अपने मनबहलाव के लिए मनुष्यों के क्षेत्र में जा पहुँचती। उसके प्रेमजाल में पड़े पुरुषों में से एक था कुरु वंश का पुरुरवा। जब उर्वशी ने उसे छोड़ा, जैसा कि अप्सराएँ धरती के जीवन से उकताने पर अक्सर किया करती हैं, तो पुरुरवा पागल हो गया।

सैकड़ों साल बाद, उर्वशी ने अमरावती में एक सुदर्शन युवक को देखा। उसे देख कर उर्वशी को पुरुरवा की याद आ गई और वह खूब सज-धज कर उस युवक के साथ प्रेम-क्रीड़ा करने की इच्छा से उस के निकट जा पहुँची।

लेकिन वह युवक उसके मोहपाश में न बँध कर दूसरी तरफ घूम गया। इससे पहले ऐसा कभी नहीं हुआ था। आपे से बाहर हो कर उर्वशी ने उस युवक से सफाई माँगी तो युवक ने बताया, ''मैं अर्जुन हूँ, पुरुरवा का वंशज। चूँकि आप पुरुरवा की पत्नी थीं, आप मेरे लिए माँ जैसी हैं। मैं आपका प्रेमी नहीं हो सकता। और इसके अलावा आप इन्द्र की भी प्रिय हैं, जो मेरे पिता हैं। अगर मैं आपका प्रेम स्वीकार कर लेता हूँ तो यह कौटम्बिक व्यभिचार होगा।''

''मैं अप्सरा हूँ,'' उर्वशी ने कहा, ''मैं किसी की मिलकियत नहीं हूँ। मैं अपनी इच्छा से जिसके पास चाहूँ, जा सकती हूँ। मनुष्यों की नैतिकता मुझ पर लागू नहीं होती। आओ, हम प्रणय-क्रीड़ा करें।''

लेकिन अर्जुन ने इनकार कर दिया, क्योंकि मनुष्य होने के नियम तब भी उस पर लागू होते थे। उसके इस हठ से खीझ कर उर्वशी ने अर्जुन को शाप दिया,''प्रणय-सम्बन्ध के लिए इच्छुक नारी को सिर्फ हिजड़ा ही अस्वीकार करता है। इसलिए तुम हिजड़े ही बन जाओ।'' इतना कह कर आवेश में उर्वशी वहाँ से चली गई।

जब इन्द्र ने इस शाप के बारे में सुना तो उसने अपने पुत्र से कहा, ''शाप वापस नहीं लिये जा सकते, लेकिन उनमें संशोधन अवश्य किया जा सकता है। उर्वशी की इच्छा के अनुसार तुम अपना पौरुष खो दोगे, लेकिन अपनी इच्छा से सिर्फ एक वर्ष की अवधि के लिए।''

जब उर्वशी का अभिशाप फलीभूत हुआ तो अर्जुन अपने जीवन का कोई भी एक वर्ष पौरुष-विहीन हो कर बिताने के लिए बाध्य हो गया।

यह शाप अर्जुन के लिए वरदान सिद्ध हुआ, क्योंकि अर्जुन और उसके भाइयों को अपने राज्य इन्द्रप्रस्थ से निर्वासित कर दिया गया था। वे उसे जुए में कौरवों के हाथों हार चुके थे और उस राज्य को वापस पाने के लिए उन्हें बारह वर्ष के वनवास और एक वर्ष के अज्ञातवास का जीवन बिताना था। इसमें एक शर्त और थी कि अज्ञातवास के दौरान उन्हें अपनी असली पहचान को छिपा कर रखना था। अगर वे ऐसा करने में असफल रहते, तो उन्हें दोबारा बारह वर्ष का वनवास भोगना था। अर्जुन ने महसूस किया कि वह अज्ञातवास की अवधि के दौरान एक हिजड़े के रूप में रह कर अपने इस शाप से मुक्ति पा सकता है।

बारह वर्ष का कठोर वनवास दृढ़ता से झेलने के बाद पाँचों पाण्डवों ने अपने अस्त्र-शस्त्र छिपा दिए और दासों का वेश धारण करके राजा विराट के राज्य में शरण ली। अर्जुन एक हिजड़े और हिजड़े-भिन्नलिंगी वेशधारक (eunuch-transvestite) के वेश में बृहन्नला नाम धर कर नृत्य-शिक्षिका के रूप में रनिवास में राजकुमारी उत्तरा को नृत्य-कला सिखाने का काम करने लगा।

एक वर्ष बीतने को था, जब कौरवों ने—अपने गुप्तचरों से पाण्डवों के छिपने के ठिकाने की सूचना पाकर—विराट के राज्य पर धावा बोल दिया ताकि अपने चचेरे भाईयों को वहाँ से बाहर निकाल लाएँ। उस समय, राजा और उसके सैनिक किसी दूर स्थान पर मवेशी-चोरों का पीछा कर रहे थे। अचानक हुए इस हमले से हक्की-बक्की वहाँ की औरतें विराट के युवा पुत्र उत्तर के पास मदद माँगने पहुँचीं। विराट के पुत्र का यह दावा था कि वह अकेले ही शत्रु को खदेड़ सकता था।

चूंकि उस समय वहाँ कोई भी सारथी मौजूद नहीं था, इसलिए बृहन्नला ने प्रस्ताव रखा कि वह युद्ध में उत्तर का सारथी बन सकता है। इस पर बहुत ठिठोली हुई, लेकिन राजकुमार को यह भी एहसास हुआ कि उसके पास इस प्रस्ताव को स्वीकार करने के अलावा और कोई चारा नहीं था।

जब वे दोनों शत्रु के मोर्चे की ओर चले, तो उत्तर को शत्रु की दुर्जेय सेना दिखाई दी—चमकते हुए भाले, चिंघाड़ते हुए हाथियों की कतारें। यह देख कर राजकुमार बहुत डर गया। उसने रथ से छलाँग लगा दी और शहर की ओर भागने लगा। बृहन्नला ने उसके पीछे भाग कर उसे गर्दन से पकड़ा और उसे वापस खींच लाया। जिन्होंने भी यह दृश्य देखा, वे ज़ोर से ठहाके लगा कर हँसने लगे। उत्तर अपने इस अपमान को

सहन नहीं कर पाया और उसने अपनी जीवन-लीला को समाप्त करने का फैसला कर लिया, लेकिन बृहन्नला ने उसे ऐसा करने से रोका और कहा कि वह उसके शत्रुओं को भगा सकता है बशर्ते कि उत्तर उसके रथ का सारथी बन जाए। बृहन्नला का सारथी बनने का विचार राजकुमार को अच्छा नहीं लगा, लेकिन बृहन्नला ने बहुत मुश्किल से राजकुमार को भरोसा करने के लिए राज़ी किया।

इसके बाद बृहन्नला राजकुमार को जंगल की ओर ले आया, वहाँ एक गुप्त स्थान से एक विशाल धनुष लिया, उस पर प्रत्यंचा चढ़ाई और उत्तर को सीधे शत्रु की दिशा में चलने को कहा। वहाँ, उत्तर की हैरानी की सीमा नहीं रही, जब नारी जैसे दिखने वाले एक हिजड़े ने, जो अब एक योद्धा के रूप में परिवर्तित हो चुका था, अपने प्राणघातक बाणों से तुरन्त शत्रुओं को भगा दिया।

जब वे दोनों शहर को लौटे, तो बृहन्नला फिर सारथी की भूमिका में लौट आया और रनिवास की स्त्रियों ने—वह अब एक ऐसे दास के रूप में था जिन्होंने युद्ध के मैदान का कोई दृश्य नहीं देखा था—अपने रक्षक के रूप में राजकुमार की जय-जयकार की।

राजा को अपने पुत्र पर बहुत गर्व था। युधिष्ठिर ने, जो वहाँ कंक नामक दरबारी के रूप में काम कर रहे थे, राजा के सामने सारा मामला स्पष्ट करने और बताने की कोशिश की कि वास्तव में क्या हुआ हो सकता था। राजा को उस पर इतना गुस्सा आया कि उसने कंक को थप्पड़ मार दिया। हर कोई यही विश्वास करना चाहता था कि अनुभवहीन युवा राजकुमार ने पराक्रमी कौरवों को परास्त किया था। यह ज़्यादा विश्वसनीय भी लगता था बजाय इस विचार के कि एक हिजड़ा-नर्तक युद्ध में धनुष सँभाल सकता है।

सबका ध्यान अपनी ओर होने से उत्तर को कुछ देर तो अच्छा लगा, लेकिन बाद में उसने सच्चाई को स्वीकार कर लिया।

जब राजा को बृहन्नला की वास्तविकता पता चली, तो राजा विराट अर्जुन के प्रति इतना कृतज्ञ हुआ कि उसने अपनी पुत्री, राजकुमारी उत्तरा का विवाह अर्जुन से करने का प्रस्ताव रखा। लेकिन अर्जुन ने विनम्रता से इसे अस्वीकार कर दिया, क्योंकि एक नृत्य-शिक्षक के रूप में वह उत्तरा को अपनी बेटी के समान मानता था। इसकी बजाय, राजकुमारी उत्तरा का विवाह अर्जुन के पुत्र अभिमन्यु के साथ कर दिया गया।

- अर्जुन के रूपान्तरण की कहानी संस्कृत 'महाभारत' के संशोधित संस्करण का भाग नहीं है और माना जाता है कि इस कथा को बाद में किसी समय जोड़ा गया था। ऐसा विश्वास है कि भारत में रनिवासों के सेवकों में बधिया पुरुषों को रखने का विचार मध्य एशिया से मुस्लिम शासकों के आने के बाद आया। लेकिन इतिहासकारों में इस पर मतभेद है। जिस सभ्यता में हल और गाड़ियाँ चलाने के लिए साँड या वृष को बधिया करके बैल में बदला जाता है, वहाँ लोग बधियाकरण और हिजड़ों के बारे में अच्छी तरह जानते रहे होंगे।

- भारत के कई ग्रन्थों में, उन पुरुषों की निन्दा है जो यौन सन्तुष्टि प्राप्त करने का आग्रह करने वाली स्त्री को ठुकरा देते हैं। अर्जुन ने उर्वशी को ठुकराया तो उसने दण्ड स्वरूप अर्जुन को शाप दिया। लेकिन बाद के ग्रन्थों में, ऐसी स्त्रियों को दुष्ट माना गया। 'रामायण' में, शूर्पनखा को वैवाहिक निष्ठा के नियमों का सम्मान न करने और यौन आक्रामकता दिखाने के लिए हिंसात्मक ढंग से दण्डित किया गया था।

- अर्जुन ने बृहन्नला नाम धारण किया था जिसका अर्थ है 'एक बड़ी छड़ी' जो शायद इशारा करता है कि यह लोगों के चेहरों पर मुस्कान लाने के लिए रंगमंच की सूझ थी, क्योंकि इसमें देखने वालों को यह मौका मिलता था कि वे एक योद्धा को औरत की तरह व्यवहार करते हुए देखें।

- हास्य पैदा करने के लिए भिन्न-लिंगी परिधान पहनना आम बात है। हम अक्सर उन चीज़ों पर हँस देते हैं जो हमें औरों से ऊँचा महसूस कराती हैं। किन्नर प्रवृत्ति ऐसी ही मानवीय इच्छा का शिकार रही है।

- जब मथुरा पर जरासंध ने आक्रमण किया, तो कृष्ण युद्ध का मैदान छोड़ कर भाग जाते हैं। इसीलिए उन्हें रणछोड़-राय कहा जाता है, यानी युद्ध के मैदान

से भाग जाने वाला। यह एक चतुर युक्ति मानी जाती है और इसकी प्रशंसा होती है। लेकिन युद्धस्थल से उत्तर का भागना उसके पौरुष पर चोट की तरह देखा जाता है, विशेष रूप से जब उसे एक भिन्न-लिंगी वेशधारी हिजड़े द्वारा युद्ध में वापस लाया जाता है। वास्तव में, राजा विराट भी युधिष्ठिर द्वारा यह सुझाने पर कि उसके बेटे ने नहीं, बल्कि उस हिजड़े-नर्तक ने कौरवों की सेना को पराजित किया, युधिष्ठिर को थप्पड़ मार देता है।

- 'गीता' में जब अर्जुन अपने ही प्रियजनों और सम्बन्धियों के विरुद्ध युद्ध करने में संकोच करता है, तो कृष्ण अर्जुन से कहते हैं, "एक डरपोक और नपुंसक व्यक्ति की तरह व्यवहार मत करो।" इसके लिए प्रयुक्त शब्द है 'क्लीब'। इस संस्कृत शब्द का आम अनुवाद है हिजड़ा। लेकिन यह एक अस्पष्ट अपमानजनक शब्द है, जो उन व्यक्तियों के लिए प्रयोग किया जाता है जो पौरुषहीन हैं जैसे हिन्दी/उर्दू में 'नामर्द'। 'भगवद्गीता' में, जब अर्जुन कुरुक्षेत्र के युद्ध में अपना धनुष उठाने और युद्ध करने में अपनी असमर्थता प्रकट करता है, तो उसे कृष्ण क्लीब की तरह व्यवहार न करने को कहते हैं। यह उस पौरुषप्रधान मान्यता को प्रकट करता है जो वीरता का गुणगान करती है।

- यह उल्लेखनीय है कि हिजड़े-नर्तक के रूप में अर्जुन अकेले ही कौरवों को पराजित करने में समर्थ हैं। कुरुक्षेत्र के युद्ध के दौरान, जब से उसने अपना पौरुष वापस पाया, वह दिमाग़ी तौर पर एक कमज़ोर व्यक्ति बन गया और उसे कापुरुष का-सा व्यवहार करने पर कृष्ण की झिड़की सुननी पड़ी।

- अर्जुन और कृष्ण दोनों गहरे मित्र हैं। लेकिन जहाँ कृष्ण अपने स्त्री-पक्ष के साथ सहज हैं, अर्जुन के साथ ऐसा नहीं है। अपनी पहली पत्नी द्रौपदी को अपने भाइयों के साथ बाँटने के बाद अर्जुन कई और स्त्रियों से विवाह करता है। इन स्त्रियों में उलूपी, चित्रांगदा और कृष्ण की बहन सुभद्रा भी शामिल थी। शायद वह द्रौपदी को पूरी तरह सन्तुष्ट न कर पाने की अपनी क्षमता पर उठने वाले प्रश्नों को समाप्त करने का प्रयास कर रहा था। कोई व्यक्ति

इस कहानी को कृष्ण द्वारा, जो कई हिन्दुओं के लिए एक भगवान हैं, अर्जुन को अपना स्त्री–पक्ष समझाने के लिए किया गया एक प्रयास भी मान सकता है।

- जब राजा विराट अर्जुन को अपनी बेटी एक पत्नी के रूप में सौंपता है, तो अर्जुन इस सम्बन्ध को स्वीकार करने से इनकार कर देता है। शायद उसमें अपना पौरुष सिद्ध करने की ललक नहीं रही थी। वह उस कन्या का विवाह अपने पुत्र अभिमन्यु से करवा देता है। अर्जुन स्वयं को एक नृत्य–शिक्षक और अभिभावक या फिर हम कहें, माता के रूप में देखे जाने से ही सन्तुष्ट है?

17

इन्द्र - जिसे संयम न दिखा पाने के कारण अस्थााई रूप से बधिया कर दिया गया

'वाल्मीकि रामायण' से

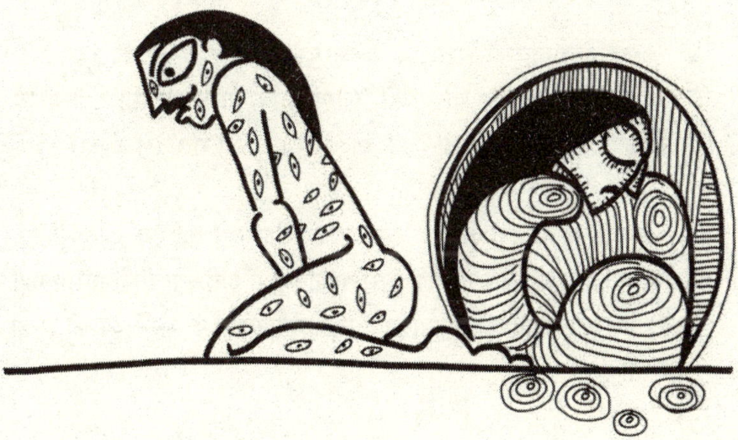

एक दिन इन्द्र ने मुर्गे का रूप धारण किया और भोर होने से घंटों पहले ही बाँग देना शुरू कर दिया, जिससे गौतम ऋषि को लगा कि भोर हो चुकी है और उनके स्नान का समय हो गया है। जैसे ही ऋषि बाहर निकले, इन्द्र ने उनका रूप धर कर उनके आश्रम में प्रवेश किया और गौतम की पत्नी अहिल्या को यौन-क्रिया करने के लिए कहा।

हालाँकि इस असमय अनुरोध पर अहिल्या को बहुत हैरानी हुई, लेकिन कर्तव्यपरायण पत्नी होने के चलते अहिल्या ने इस इच्छा का पालन किया। इस बीच ऋषि गौतम ने चाँद को देखा और उन्हें एहसास हुआ कि अभी तो रात है। वे अपने आश्रम लौट आए। लौटने पर उन्होंने अपनी पत्नी अहिल्या को इन्द्र की बाँहों में पाया।

क्रोधित हो कर गौतम ऋषि ने अहिल्या को शिला बन जाने का शाप दिया, जिस पर सभी जीवों के पैर पड़ेंगे। और फिर उन्होंने इन्द्र को बधिया कर दिया। सभी देवता इकट्ठा हुए और वे इन्द्र के पौरुष को लौटाने में सफल हुए ।

- 'वाल्मीकि रामायण' के बाद के संस्करणों में इन्द्र की सज़ा बदल जाती है, जहाँ इन्द्र को बधिया करने की बजाय उसके शरीर को सौ योनियों से आच्छादित कर दिया जाता है जो बाद में सौ आँखों में बदल जाती हैं।

- अहिल्या की कहानी के कई संस्करण हैं। किसी में वह एक दुष्ट धूर्त की मासूम शिकार दिखाई गई है। दूसरी कहानियों में अहिल्या इतनी मासूम नहीं है और अपने पति की अनुपस्थिति में वीर्यवान इन्द्र के सान्निध्य की इच्छा करती है।

- प्रारम्भिक वैदिक ग्रन्थ स्त्री की प्रजनन क्षमता और पुरुष के पौरुष से ग्रस्त और अभिभूत हैं। बाद के पौराणिक ग्रन्थों में यौन-क्रिया के प्रति बढ़ती हुई बेचैनी प्रकट होती है और उसे विवाह के दायरे के भीतर ही स्वीकार किया जाता है जो आश्रम और मठ-व्यवस्था के उभार का संकेत है। बाद के धर्म-

ग्रन्थों में ब्रह्मचारी पुरुषों और पतिव्रता स्त्रियों का गुणगान मिलता है। इन्द्र, जिसकी प्रशंसा कभी अतिकामुकता के कारण होती थी, समय के बदलने के साथ अपना आकर्षण खो देता है।

- समय के साथ इन्द्र की अपेक्षा अहिल्या की सज़ा पर ज़्यादा ज़ोर दिया गया। जो स्त्रियाँ अपने पति के प्रति निष्ठावान नहीं होती थीं, उन्हें हेय दृष्टि से देखा जाता था। लेकिन, जो पुरुष अपनी पत्नी के प्रति एकनिष्ठ नहीं थे, उनके साथ ऐसा व्यवहार नहीं होता था। 'रामायण' इस सम्बन्ध में एक अपवाद है। 'रामायण' ही ऐसी कथा है जिसमें एक पुरुष अपनी पत्नी के प्रति सदा वफादार रहता है, एक ऐसा राजा जो अपनी प्रजा में अपनी पत्नी के विश्वासघात के प्रवाद को सुनकर भी पुनर्विवाह करने से मना कर देता है।

- महाराष्ट्र-कर्नाटक सीमा क्षेत्र में ऋषि जमदग्नि की कथा मिलती है, जो अपने पुत्रों को अपनी माता रेणुका का सिर धड़ से अलग करने के लिए कहते हैं, क्योंकि उन्हें पता चला था कि उनकी पत्नी ने एक पल को परपुरुष की कामना की थी। जब बड़े बेटों ने ऐसा करने से इनकार कर दिया, तो ऋषि ने अपने सबसे छोटे पुत्र परशुराम को न सिर्फ अपनी माता का सिर काटने के लिए कहा, बल्कि अपने भाइयों के बधियाकरण के लिए भी कहा। अन्ततः बिना शरीर वाली रेणुका और बिना सिर वाली हुलिगम्मा की सेवा बधिया किए हुए पुत्रों द्वारा की जाती है, जो औरतों की पोशाकें पहना करते थे और जिन्हें जोगता कहा जाने लगा। रेणुका और हुलिगम्मा के मंदिर की सेवा को समर्पित पुरुष अक्सर औरतों के वस्त्र धारण करते हैं, उनके लिए विवाह निषिद्ध है और उन्हें एक वेश्या की तरह अपना प्रबन्ध स्वयं करना पड़ता है।

- 'ऋग्वेद' में, इन्द्र के लिए कहा गया है, 'वह व्यक्ति जो वृषाश्व की पत्नी बन गया/बना दिया गया'। इससे अन्य पुरुषों के साथ भी उसके यौन कौशल का संकेत मिलता है।

- किन्नर शब्द अक्सर उन लोगों के लिए प्रयुक्त होता है जो पूरी तरह नर नहीं हैं। इसका शाब्दिक अर्थ है 'किम् नर ?' (कैसा नर ?) भारत के कई भागों में इस शब्द का प्रयोग हिजड़ों के लिए किया जाता है। इस शब्द का प्रयोग देवताओं के लिए और उन उपासकों के लिए भी किया जाता है, जो परमात्मा को पाने के लिए अपने पौरुष को ठुकरा देते हैं। एक अन्य शब्द 'किम् पुरुष' का भी प्रयोग होता है। संस्कृत के ये शब्द आम बोल–चाल के शब्द 'छक्का' से अधिक सम्मानजनक शब्दों के रूप में देखे जाते हैं।

श्यप की पत्नी विनता ने एक बार दो अण्डे दिए। लेकिन काफी समय तक उनमें च्चे नहीं निकले। अन्ततः उसका धैर्य खोने लगा और उसने एक अण्डा फोड़ ा। उस अण्डे में से जो बच्चा बाहर निकला वह अधूरा था—उसके शरीर का ला भाग विरूप था, उसकी न तो टाँगें थीं और न ही जननेन्द्रियाँ। इस बालक को त के देवता अरुण के नाम से जाना जाने लगा और वह सूर्य भगवान का सारथी गया। चूँकि इस बालक के शरीर का निचला भाग विरूप था, इसलिए हमेशा यह ाल उठता रहता था कि वह पुरुष था या स्त्री।

एक दिन, माण्डव्य ऋषि ने एक औरत को देखा, जो अपने बीमार पति को क वेश्या के पास ले कर जा रही थी, क्योंकि यही उसके पति की इच्छा थी। पति इस अनुचित व्यवहार से क्रोधित हो कर ऋषि ने उसे शाप दिया कि जब सूर्य दित होगा तो उसकी मृत्यु हो जाएगी। इतना सुनते ही उसकी पत्नी डर गई और सने सूर्य को उदित होने से रोकने के लिए अपने सतीत्व की शक्ति का प्रयोग कया। परिणामस्वरूप, सूर्य का रथ बीच राह में ही रुक गया, इससे अरुण को एक वसर मिल गया कि वह कुछ ऐसा करे, जो उसने पहले कभी नहीं किया था यानी ोड़ा अवकाश लेना।

इस अवकाश के दौरान अरुण ने स्वर्ग नगरी अमरावती में अप्सराओं का नृत्य देखने का फैसला किया। लेकिन इन्द्र के अतिरिक्त किसी अन्य पुरुष को अप्सराओं का नृत्य देखने की अनुमति न थी। इसलिए, अरुण ने प्रवेश पाने के लिए अरुणी नामक एक स्त्री का रूप धारण कर लिया।

जब इन्द्र ने अरुणी को देखा, तो वह इतना उत्तेजित हो उठा कि उसने उसके साथ प्रेम-सम्बन्ध बनाया, जिससे उनकी एक सन्तान हुई जिसका नाम बाली रखा गया।

अगले दिन, जब अरुण अपने काम पर देर से पहुँचा तो सूर्य ने उससे इस विलम्ब का कारण जानना चाहा। अरुण से रूप-परिवर्तन के बारे में जानने पर सूर्य ने उसे स्त्री के रूप में देखने की इच्छा प्रकट की। अरुण ने उनकी इच्छा पूरी की और सूर्य भी इन्द्र की तरह अरुणी के मोहपाश में बँध गए और उन्होंने उससे प्रेम-सम्बन्ध स्थापित कर लिया और उन दोनों की एक सन्तान हुई जिसका नाम था सुग्रीव।

उन दोनों बालकों को ऋषि गौतम की पत्नी अहिल्या को सौंप दिया गया।

18

अरुण – जो सूर्य के रुकने
एक नारी बन गया

पुराणों से

एक दिन ऋषि गौतम उन बालकों से किसी बात पर नाराज़ हो गए और उन्होंने उन दोनों को वानर बन जाने का शाप दे दिया। किष्किन्धा के वानरराज रिक्ष ने, जिनकी कोई सन्तान न थी, उन दोनों बालकों को गोद ले लिया।

- यह कहानी वेट्टम मणि द्वारा रचित पौराणिक विश्वकोश में पाई जाती है।

- प्रभात के देवता अरुण का लिंग अनिश्चित है। वेदों में, प्रभात की देवी का नाम उषा है। वैदिक भजनों में उषा का आकाश और मेघ के देव इन्द्र और सूर्यदेव, दोनों के साथ यौन-सम्पर्क बताया जाता है।

- पुराणों में, आकाश के देवता इन्द्र जो वर्षा कराते हैं और सूर्यदेव के बीच निरंतर प्रतिद्वंद्विता दिखाई गई है। यह प्रतिद्वंद्विता उनके पुत्रों तक चलती है, जैसे 'रामायण' में बाली और सुग्रीव के बीच और 'महाभारत' में अर्जुन और कर्ण के मध्य।

- गुजराती 'गिरिधर रामायण' में, वानरराज रिक्ष एक झील में गिर जाते हैं और नारी में रूपान्तरित हो जाते हैं। उनकी दो सन्तानें उत्पन्न होती हैं, सूर्य का पुत्र सुग्रीव और इन्द्र का पुत्र बाली।

- 'वानर' शब्द जो बन्दरों के लिए प्रयुक्त किया जाता है, उसका अर्थ वन (के) नर भी हो सकता है।

- वानरों का सम्बन्ध देवताओं से जोड़ने पर, कोई व्यक्ति यह सोच सकता है कि 'रामायण' के रचयिता ने उन लोगों को वैध (वैदिक कथाओं का हिस्सा) बनाने की कोशिश की है जिन्हें वैसे वानर माना गया था, उन्हें मनुष्यों में नहीं रखा गया था। यह बात कि उनकी माता वास्तव में स्त्री नहीं थी, उनके 'अन्य लिंगी' होने की असहजता को बढ़ा देता है।

19

इला - जो चाँद के क्षीण हो जाने पर पुरुष बन गई

पुराणों से

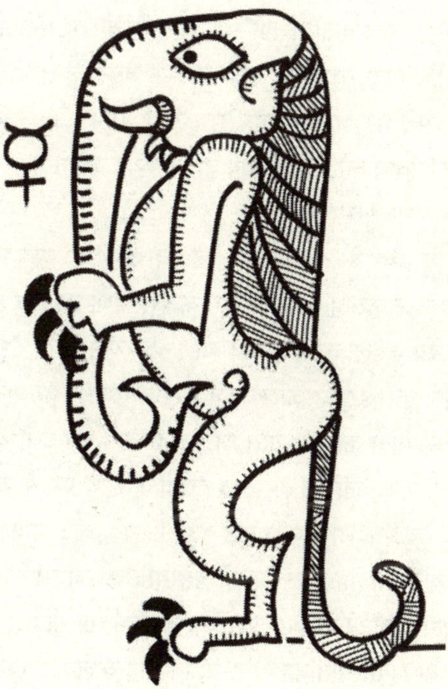

युवराज सुद्युम्न घोड़े पर सवार हो कर एक जंगल में गया जहाँ शिव और पार्वती प्रेम-क्रीड़ा कर रहे थे। ऋषि-मुनि बिन बताए आ कर उनकी पत्नी को असहज न महसूस कराएँ, शिव ने एक मंत्र फूँक दिया कि जो भी उस जंगल में प्रवेश करेगा, वह औरत बन जाएगा। इसी कारण, पूरा जंगल मोरनियों से भरा पड़ा था और मोर नहीं था, कई हिरणियाँ थीं लेकिन हिरण नहीं था, हथिनियाँ थीं लेकिन हाथी नदारद थे। शिव के मंत्र ने सुद्युम्न और उसके घोड़े पर भी अपना असर दिखाया। सुद्युम्न एक स्त्री में बदल गया और उसका घोड़ा घोड़ी बन गया।

सुद्युम्न ने शिव से विनती की कि वह अपने इस मंत्र को वापस ले लें। चूँकि मंत्र को बदला नहीं जा सकता, सिर्फ संशोधित किया जा सकता था, शिव ने यह व्यवस्था कर दी कि मादा सुद्युम्न या इला चाँद के बढ़ने के साथ ही पुरुष और चाँद के क्षीण होने पर स्त्री बन जाएगा। अब सुद्युम्न के सामने अपने लिंग परिवर्तन को स्वीकार करने के सिवाय कोई विकल्प न था। वह यह जानने के लिए उत्सुक था कि आख़िर उसके जीवन का क्या होगा।

एक दिन, बुध ग्रह के स्वामी, बुध देव एक अजीब किस्म के प्राणी पर सवार होकर आकाश से उतर कर आए। यलि नाम के इस प्राणी का सिर हाथी का और धड़ शेर का था। बुध देव ने इला का पति होने की इच्छा व्यक्त की। ''मुझे अपनी कहानी कह लेने दो, इससे तुम्हें इसका कारण पता चल जाएगा,'' भगवान बुध ने कहा।

बुध देव की माता का नाम तारा था, जो सितारों की देवी थीं। उनका विवाह बृहस्पति देव से हुआ था, लेकिन तारा चंद्र देवता के साथ प्रेम में पड़ कर उनके साथ भाग गईं। उसके बाद एक बहुत बड़ा युद्ध हुआ जिसके बाद आकाश के देव, इन्द्र ने चंद्र देव को बाध्य किया कि वह तारा को बृहस्पति को वापस सौंप दें।

तारा के वापस लौटने पर पता चला कि वह गर्भवती थीं। अब प्रश्न था कि वह बालक किसका था? बृहस्पति का दावा था कि वह बालक उनका था, जबकि चंद्र देव उसे अपना बालक कह रहे थे। लेकिन, तारा इस सम्बन्ध में पूरी तरह ख़ामोश थीं। उनकी ख़ामोशी को ले कर हर कोई हैरान था, क्योंकि सिर्फ माँ ही इस प्रश्न का निश्चित जवाब दे सकती थी। सबके आश्चर्य को ख़त्म करने के लिए माँ की कोख़ के अन्दर से अजन्मा बालक बोला, ''मैं प्रेमी की सन्तान हूँ, पति की नहीं।''

सभी देवता बालक की सत्यनिष्ठा और वाक्पटुता से बहुत प्रभावित थे। सिवा बृहस्पति देव के। उन्होंने बुध देव को अनिश्चित लिंग का जन्म लेने का शाप दिया। " तुम न पुरुष बनोगे और न स्त्री।"

इस प्रकार हुआ यह कि सुद्युम्न ने, जो पुरुष भी था और नारी भी, बुध से विवाह रचाया, जो न पुरुष थे, न नारी। जब सुद्युम्न पुरुष-रूप लेता, तब बुध उसकी पत्नी होते थे और जब सुद्युम्न नारी बन जाता, तब बुध उसके पति होते थे।

समय आने पर, इला के रूप में सुद्युम्न ने पुरूरवा को जन्म दिया। इला के वंशज अपने को ऐल कहते थे और जिस स्थान पर उनका शासन था, वह इलावर्त के नाम से प्रसिद्ध हुआ।

- इला पुराणों में एक महत्त्वपूर्ण चरित्र है। उसी से चंद्रवंशी राजाओं की उत्पत्ति हुई है जबकि उसके बड़े भाई इक्ष्वाकु से सूर्यवंशी राजाओं की। पुराणों के अनुसार, इन दोनों वंशों ने सात नदियों की भूमि आर्यावर्त पर शासन किया जहाँ काले हिरण पाए जाते हैं। चंद्रवंशी राजाओं की तुलना में, जो नैतिक रूप से विश्वसनीय नहीं थे, सूर्यवंशी राजा बहुत निष्ठावान थे। तो क्या इसी कारण इला के लिंग पर प्रश्न उठाने वाली कथाएँ मिलती हैं ? इक्ष्वाकु स्पष्टतया मनु का पुत्र था। लेकिन इला ? क्या वह पुत्र था या पुत्री या दोनों ?

- भारतीय ज्योतिष शास्त्र के नौ खगोलीय पिंडों (नवग्रह) को दर्शाने वाली विद्या में बुध ग्रह या बुध देव को कभी पुरुष के रूप में और कभी स्त्री के रूप में दर्शाया गया है और उसकी लैंगिकता अनिश्चित बताई गई है।

- विख्यात कर्नाटकी संगीतकार, मुत्थुस्वामी दीक्षितार अपनी प्रसिद्ध नवग्रह कृति में बुध देव का उल्लेख एक नपुंसक के रूप में करते हैं, या उस व्यक्ति के रूप में जो पूरी तरह से पुरुष नहीं है।

- बुध का वाहन या सवारी भी उतनी ही अस्पष्ट है, या हमें कहना चाहिए कि

उनका वाहन भी बहुत असामान्य है, जिसका शरीर तो शेर का है और सिर हाथी का। यलि नाम का यह जानवर मांसाहारी है या शाकाहारी ? कई मंदिरों में यलि की छवियाँ आसानी से देखी जा सकती हैं।

- कुछ संस्करणों में, सुद्युम्न को अपने नारी जीवन के सम्बन्ध में कुछ भी याद नहीं है। पुरुष के रूप में, वह ऋषि बन कर रहता है और नारी के रूप में वह बुध की पत्नी और उसकी सन्तान की माँ होता है।

20

भीम – जिसने दण्ड देने के लिए स्त्रियों के वस्त्र धारण किए

'महाभारत' से

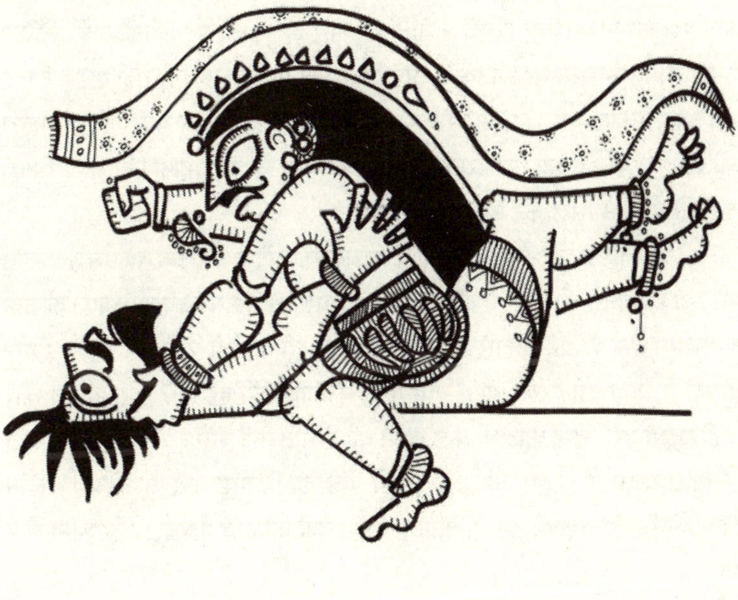

पाण्डवों को वनवास के तेरहवें वर्ष में अज्ञातवास करना पड़ा और उन्होंने राजा विराट के दरबार में शरण ली। कुलीन युधिष्ठिर, पराक्रमी भीम, धनुर्धर अर्जुन, सुकुमार नकुल और बुद्धिमान सहदेव ने पुरोहित, रसोइये, हिजड़े-नर्तक, अस्तबल सहायक और चरवाहे का भेष धारण कर लिया। उनकी सामूहिक पत्नी द्रौपदी ने सैरन्ध्री नामक महल की दासी का भेष बना लिया और विराट की रानी सुदेशना के रनवास में काम करने लगी।

उसके साथ रानी सुदेशना का व्यवहार बहुत ही दयालु था। लेकिन रानी का भाई कीचक, जो प्रधान सेनापति भी था, द्रौपदी के सौंदर्य पर मुग्ध था। कीचक ने द्रौपदी के सामने यौन-सम्बन्ध बनाने का प्रस्ताव रखा। हालाँकि द्रौपदी ने उसके प्रस्ताव को अस्वीकार कर दिया, लेकिन उसने हार नहीं मानी। वह हर जगह उसका पीछा करता रहता। द्रौपदी ने राजा विराट से मदद माँगी, लेकिन राजा ने एक दासी की पुकार को अनदेखा कर दिया। फिर द्रौपदी ने युधिष्ठिर और अर्जुन की मदद लेनी चाही, लेकिन उनके सामने समस्या यह थी कि वे अपनी असली पहचान उजागर नहीं करना चाहते थे। आख़िरकार, थक-हार कर रोष से भरी हुई द्रौपदी भीम के पास गई, जो महल की रसोई में काम करता था। उसने उससे जा कर कहा कि वह अपना पति धर्म निभाए। तब उन दोनों ने मिल कर एक योजना बनाई।

उस योजना के अनुसार, द्रौपदी ने कीचक को संदेश भेजा कि वह उसके प्रस्ताव को स्वीकार करने को तैयार है और वह रात में रंगशाला में उससे मिलने आए। कीचक यथासमय वहाँ जा पहुँचा और उसने देखा कि द्रौपदी कोने में पलँग पर लेटी हुई थी। द्रौपदी ने चादर ओढ़ रखी थी। "तुम कोने में क्यों छिपी हुई हो ? शर्माओ मत और न ही मुझसे डरो। तुम्हें कोई भी कुछ कहने की हिम्मत नहीं करेगा," कीचक ने बेसब्री से भीतर प्रवेश करते हुए कहा और अपने पीछे का किवाड़ बन्द कर दिया। लेकिन द्रौपदी ने किसी तरह की कोई प्रतिक्रिया व्यक्त नहीं की और निश्चल और शान्त लेटी रही।

कीचक उतावलेपन से चलता हुआ पलँग के निकट आ गया और अपने हाथों से द्रौपदी को हल्के-हल्के सहलाने लगा। वह हैरान था कि द्रौपदी की देह उसकी आशा के अनुसार कोमल नहीं थी, बल्कि वह तो पत्थर की तरह कठोर थी। जैसे ही उसने

अपने हाथ चादर के ऊपर सरकाए तो उसने महसूस किया कि द्रौपदी का शरीर किसी नारी शरीर की तुलना में कुछ बड़ा था। उसके हाथ एक ओर से दूसरी ओर फिसलते गए और उसने पाया कि उसके शरीर पर बहुत बाल थे और वह पसीने से तर था। उसने उसकी साँसों पर ध्यान दिया। उसकी साँसें किसी बैल की तरह भारी थीं। उसके शरीर से सौंदर्य प्रसाधनों की बजाय ऐसी गंध आ रही थी जैसी रसोईघर में बहुत समय तक काम करने वाले के शरीर से आती है। उसे बहुत अज़ीब लग रहा था। लेकिन उसके सभी संदेहों पर वासना का पर्दा पड़ चुका था। आख़िर उसने उस सुन्दर दासी को अपने बाहुपाश में ले लिया और उसने तय किया कि वह सारी रात रमण करेगा, उससे दया की याचना करेगा क्योंकि उसने अपनी वासना उससे शान्त की थी। उसने दासी का चुम्बन लेने का प्रयत्न किया, लेकिन वह उससे दूर हट गई। उसने उसे थामना चाहा, लेकिन वह परे हो गई। "तुमको हासिल करना ज़रा कठिन काम है। लेकिन मुझे चुनौती पसन्द है," कीचक ने द्रौपदी पर झपटते हुए कहा। इस समय वह ऐसा लग रहा था जैसे कोमल हिरणी पर भूखा बाघ झपटता है।

लेकिन वह हिरणी नहीं थी। द्रौपदी के परिधान पहने हुए वह भीम था। भीम ने कीचक को गर्दन से पकड़ लिया और उसे पलँग पर पटक दिया। फिर भीम ने उसके सीने पर इतनी ज़ोर से प्रहार किया कि उसका साँस लेना दूभर हो गया। तब भीम ने कीचक को इतनी जोर से भींच कर आलिंगन किया कि उसकी हड्डी-पसली चरमरा गई और उसकी टूटी हुई हड्डियों से उसके दिल में छेद हो गया। असहाय कीचक ने अपनी आँख के कोने से द्रौपदी की ओर देखा, जो भीम की बाँहों में उसे शिथिल और निष्प्राण होता देख रही थी।

- औरत की रक्षा करने के लिए नायक का स्त्री की पोशाक पहनने का विचार पूरे विश्व के लोकसाहित्य में लोकप्रिय है। यहाँ भिन्न-लिंगी वेशभूषा पहनना वीरतापूर्ण भी है और प्रशंसनीय भी।

- आन्ध्र प्रदेश में लोकप्रिय एक अन्य कहानी में, भीम के पुत्र, घटोत्कच ने बलराम की पुत्री वत्सला नाम की स्त्री होने का स्वाँग किया और दुर्योधन

के पुत्र लक्ष्मण से विवाह किया, जबकि असली वत्सला अर्जुन के पुत्र अभिमन्यु के साथ भाग जाती है। घटोत्कच ने इतना कस कर लक्ष्मण का हाथ भींचा कि वह मूर्छित हो गया।

21

विजय - जिसने विजयी होने के लिए स्त्रियों के वस्त्र पहने

'तमिल महाभारत' पर आधारित मौखिक कहानियों से

एक जादूगर के पास पाँच पवित्र वस्तुएँ थीं जो पाण्डवों के लिए अपने शत्रु कौरवों को हराने के लिए आवश्यक थीं। वह जादूगर एक अभेद्य किले में रहता था और उसे वरदान मिला हुआ था कि उसे उसके अपने पुत्र के अलावा और कोई भी नहीं मार सकता।

एक दिन, कृष्ण और अर्जुन ने, जिसे विजय भी कहा जाता था, मिल कर उस जादूगर को मारने, उसके किले को ध्वस्त करने और उन पवित्र वस्तुओं को लेने की योजना बनाई। कृष्ण ने एक बूढ़ी औरत का वेश धरा और अर्जुन ने विजयम्पाल नाम की एक सुन्दर दासी के रूप में अपना श्रृंगार किया। वे दोनों जादूगर के पुत्र पोर्मन्नन के पास पहुँचे और उसे अपना परिचय माँ-बेटी के रूप में दिया।

पोर्मन्नन विजयम्पाल के सौंदर्य पर मुग्ध हो गया। उसने उसकी माता से उसका हाथ माँग लिया। "अगर तुम उससे विवाह करना चाहते हो, तो तुम्हें अपने पिता का वध करना होगा, उसके किले को ध्वस्त करके पाँच पवित्र वस्तुएँ ला कर हमें सौंपनी होंगी," बूढ़ी औरत का भेष बनाए कृष्ण ने कहा। पोर्मन्नन प्रेम में पागल हो कर बेकाबू हो रहा था। उसने अपने पिता को मार डाला, उसका किला तहस-नहस कर दिया, पवित्र वस्तुओं को चुरा लाया और कृष्ण और अर्जुन के पीछे दौड़ने लगा।

जब उसे पता चला कि वे दोनों स्त्रियाँ नहीं, बल्कि पुरुष थे, तो उसे बहुत गुस्सा आया। "अब मेरी इच्छा को कौन शान्त करेगा?" उसने पूछा। उस युवक के प्रति पाण्डवों को बहुत ग्लानि महसूस हुई। उन्होंने अपनी बहन का विवाह उसके साथ करवा दिया और उसे अपनी सेना में एक बड़े अधिकारी का पद सौंप दिया।

- तमिल लोककथाओं में प्रचलित ये कहानियाँ उत्तर भारत में अपेक्षाकृत अज्ञात हैं। विद्वान, अल्फ हिल्तेबेतल ने, जिन्होंने दक्षिण भारत में द्रौपदी की पूजा पर व्यापक स्तर पर काम किया है, इन कहानियों से अंग्रेज़ी पाठकों का परिचय करवाया है।

- कृष्ण और अर्जुन ने कई अवसरों पर नारी वस्त्र पहने हैं। इस कहानी में अर्जुन

एक मनमोहक युवती बना है। किसी दूसरी जगह पर कृष्ण ने ऐसा किया है। इसके पीछे पुरुष को मुग्ध करके उससे अपने कहे अनुसार काम करवाने का विचार है। इस प्रकार, अर्जुन इन्द्र की दिव्य सुंदरियों, अप्सराओं जैसा अभिनय कर रहा है जिन्हें तपस्वियों या ऋषियों को मोहित करने के प्रयोजन से भेजा जाता है। चूँकि ऐसा किसी उच्च लक्ष्य की प्राप्ति के लिए किया जाता है, इसलिए पार-लिंगी वस्त्र धारण करना (क्रॉस-ड्रेसिंग) कोई अनुचित या विचित्र कार्य नहीं माना जाता।

- भागवत परम्परा पर आधारित लोककथाओं के अनुसार कृष्ण और उनके पुत्र प्रद्युम्न, कृष्ण के पौत्र अनिरुद्ध को बचाने के लिए, जो बाण की बेटी उषा द्वारा अपहृत हुआ था, स्त्रियों का भेष बना कर बाण के राज्य में घुसे थे। इस तरह, खलनायकों को हराने के लिए पार-लिंगी वेश धारण करना नायकों की आम चाल है।

- इरावान की कहानी के विपरीत, यहाँ स्त्री वस्त्र सिर्फ छद्म वेश है। यहाँ यौन-इच्छा की सन्तुष्टि नहीं हुई है। वास्तव में पोर्मन्नन अपने आपको उस समय ठगा-सा महसूस करता है, जब उसे पता चलता है कि वह जिस कन्या से प्रेम करता है, वह असल में एक पुरुष है।

- तमिल साहित्य में अर्जुन को विजय या सदा विजयी होने वाला कहा गया है।

- उड़ीसा की पाषाण मूर्तिकला में कृष्ण को स्त्री की तरह चोटी के साथ दिखाया गया है। उड़ीसा में जगन्नाथ पुरी धाम में कृष्ण ने नथ भी पहन रखी है। कृष्ण की छवि की ये विशेषताएँ राजस्थान के नाथद्वारा मंदिर में भी देखने को मिलती हैं।

- अक्सर कृष्ण त्रिभंगी मुद्रा में खड़े हुए दिखाई देते हैं जिसमें उनका शरीर गर्दन, कमर और पैर की ओर से तीन बार मुड़ा हुआ दिखाया गया है। इसे

साधारणतया नारी की मुद्रा माना जाता है।

- हिन्दू देवताओं के यौन सम्बन्धी कृत्यों का वर्णन करने से पहले 'दृष्टि' पर ध्यान देना चाहिए। जब यूरोपीय लोगों ने अट्ठारहवीं शताब्दी में पहले-पहल भारतीय धर्म-ग्रन्थों का अध्ययन किया, तो उन्होंने हिन्दू धर्म की अति कामुकता को इस बात के संकेत के रूप में देखा कि वह पतनशील रोमन साम्राज्य के धर्म की तरह 'झूठा' धर्म था। इस दृष्टिकोण ने कई हिन्दुओं को अपनी सफाई पेश करने और शर्मिन्दा होने के लिए मजबूर कर दिया। बीसवीं शताब्दी के कई अमरीकी और यूरोपीय शिक्षाविद अभी तक इन कहानियों को परोक्ष, उदार और हिप्पी नज़रिये से देखते हैं, और यह बात हिन्दुओं को भाती नहीं है।

- मन्दिरों में, कृष्ण की कल्पना अक्सर नारी के रूप में की जाती है। नाथद्वारा के श्रीनाथ मंदिर में इसे स्त्री-वेश कहा जाता है जहाँ परिधान का यह चुनाव अपनी प्रिय गोपियों और अपनी माताओं के प्रति कृष्ण के प्रेम का द्योतक है।

22

कृष्ण - जिन्होंने प्रेमवश नारी परिधान पहना

गंगा के मैदानों की मौखिक परम्परा से

एक बार कृष्ण को गोपियों के साथ शरारत करने की सूझी। जिस समय वे स्नान कर रही थीं, कृष्ण ने उनके कपड़े चुरा लिये और तब तक वस्त्र वापस करने से मना कर दिया जब तक गोपियाँ कृष्ण को अपने निर्वस्त्र शरीर नहीं दिखातीं। गोपियों ने तय किया कि वे दंडस्वरूप कृष्ण को नारी परिधान पहनाएँगी। लेकिन उनके आश्चर्य का ठिकाना न रहा, जब उन्होंने देखा कि कृष्ण को ऐसा करने में ज़रा भी बुरा नहीं लगा, न शर्म महसूस हुई। उलटे वे इसका आनन्द उठा रहे थे और उनसे आग्रह कर रहे थे कि वे उन्हें अपने सबसे अच्छे कपड़े और गहने दें और उनका चेहरा अच्छी तरह से सजा दें। जो बात दण्ड के रूप में शुरू हुई थी, वह एक प्रेम-क्रिया बन गई। ऐसे कृष्ण से भला कोई नाराज़ हो सकता था ? बल्कि गोपियाँ कृष्ण से और भी प्रेम करने लगीं। उनके इस प्रेम की यादगार के रूप में, कृष्ण ने घोषित किया कि वे अपनी सभी छवियों में स्त्री की तरह एक नथ और फूलों और आभूषणों से सजी चोटी धारण करेंगे। वे अपनी माता की तरह अपनी हथेलियों और तलवों पर आलता भी लगाएँगे।

हर रात कृष्ण के साथ बिताने के लिए राधा हर तरह का जोखिम उठाती थी। वह अपने घर से आधी रात के समय बाहर निकलती, जंगल के बीच से होती हुई यमुना नदी के तट पर मधुवन की चरागाह में पहुँचती, जहाँ कृष्ण बाँसुरी बजाते और अपनी मनोहर मुस्कान और आवेग-भरे आलिंगनों से उसे मुग्ध करते। कृष्ण के प्यार में राधा कभी-कभी ईर्ष्यालु हो उठती, कभी-कभी उन पर अपना एकाधिकार जताती और कभी-कभी झगड़ती भी थी। उसे लगता था कि कृष्ण तब तक उसकी पीड़ा और उसकी लालसा को नहीं समझ सकते जब तक वे खुद राधा नहीं हो जाते। इसलिए, राधा को मनाने के लिए, कृष्ण ने निर्णय लिया कि वे दोनों एक रात के लिए अपनी-अपनी भूमिका की अदला-बदली करेंगे। नियत समय पर, कृष्ण ने राधा के वस्त्र पहने और राधा ने कृष्ण के वस्त्र पहन लिये। राधा ने बाँसुरी बजाई और कृष्ण ने उसके चारों ओर नृत्य किया। प्रेम करते समय राधा ने अपनी ओर से पहल की और सक्रिय भूमिका निभाई। इस तरह राधा कृष्ण पर जैसे छा-सी गई। ''कृष्ण, तुम तब भी मुझे नहीं समझ सकते,'' राधा ने अपने प्रियतम से कहा, ''तुम मेरी तरह कपड़े पहन सकते हो, बात कर सकते हो, नाच सकते हो, लेकिन तुम कभी वैसा महसूस नहीं कर सकते जैसा मैं महसूस करती हूँ, क्योंकि हम कभी दिलों की अदला-बदली नहीं कर सकते।''

- कृष्ण कथा कृष्ण के विपरीत-लिंगी वेशधारण (क्रॉस-ड्रेसिंग) के प्रसंगों से भरा पड़ा है। कुछ उपासक इसे यौन संदर्भों में देखते हैं। लेकिन इससे यह अवश्य दिखता है कि कृष्ण नारी-परिधान में पूरी तरह सहज महसूस करते हैं।

- प्रचलित व्यवहार में, पुरुष को अपमानित करने का सबसे अच्छा तरीका है उसे औरतों के कपड़े पहना देना। ''चूड़ियाँ पहन कर घर पर बैठो,'' यह बात पुरुषों को बेइज़्ज़त करने के लिए आम तौर पर कही जाती है। लेकिन कृष्ण अपमान को भी प्रशंसा में बदल देते हैं। इस तरह, किन्नर (क्वीयर) शब्दावली का प्रयोग करके पितृसत्तात्मक दृष्टि को स्नेह से नारीवादी दृष्टि में बदला जा सकता है।

- कृष्ण द्वारा राधा के कपड़े पहनने और राधा द्वारा कृष्ण के कपड़े पहनने की इस कथा को गौरवर्णा राधा द्वारा कृष्ण का रूप धरने के हवाले से अक्सर 'गोरे गोप' के नाम से कहा जाता है। इस कहानी से यह प्रकट होता है कि हमारे कपड़े हमें वह नहीं बनाते जो हम हैं। एक पुरुष के कपड़े पहनने मात्र से ही कोई पुरुष नहीं बन जाता। महज राधा के वस्त्र धारण करने से कोई राधा नहीं हो जाता और न ही कृष्ण के कपड़े पहन कर कोई कृष्ण बन जाता है।

- कृष्ण कथा में, कामुकता आध्यात्मिकता के साथ मिलती और उसमें विलीन हो जाती है। आश्रम और मठ-व्यवस्था के विपरीत जहाँ यौन इच्छाओं या काम भावना को सक्रिय रूप से दबा दिया जाता है, यहाँ कामेच्छा को अनुराग में बदल दिया जाता है। वह संकट पैदा करने वाली नहीं रह जाती, बल्कि प्रेम की अभिव्यक्ति बन जाती है।

- संस्कृत में कृष्ण की गीता पर टीकाओं में पुरुष ब्राह्मण विद्वानों ने, जिन्होंने

ब्रह्मचर्य का जीवन बिताने का निश्चय किया था (शंकर, माधव, रामानुज), उन्होंने कृष्ण को दृढ़ पौरुषपूर्ण योद्धा के रूप में पेश किया जो अर्जुन को युद्ध के लिए उकसाते हैं। लेकिन ग़ैर-ब्राह्मण टीकाकार, जैसे सन्त ज्ञानेश्वर और सन्त तुकाराम जो मराठी भाषा में लिखते हैं, कृष्ण को स्त्री और मातृ संदर्भों में देखते हैं। महाराष्ट्र में कृष्ण की लोक कथाओं में, कृष्ण विठाई या विट्ठल माता हैं, वह गाय जो अपने भयभीत बछड़े अर्जुन को ढाढ़स बँधा रही है। इस प्रकार, किन्नर शब्दावली पितृसत्ता को चुनौती देते हुए भावनाओं में परिवर्तन घटित कर देती है।

23

साम्ब – जिसने खिलवाड़ में औरतों के कपड़े पहने

'महाभारत' से

यदुवंशियों के राजा कृष्ण का एक पुत्र था, साम्ब जिसे शरारतें करना बहुत पसन्द था। एक बार, साम्ब और उसके मित्रों को कुछ सन्तों के साथ मस्ती करने की सूझी, जो उनके शहर में आए थे। साम्ब ने भेष बदल कर गर्भवती स्त्री का रूप धारण कर लिया और इठलाते हुए उनके पास पहुँचा। उसके मित्रों ने पूछा, ''हे महानुभाव, यह पुत्र को जन्म देगी या कन्या को ?'

सन्त उनकी शरारत भाँप गए और इससे मुदित नहीं हुए। ''न पुत्र को और न कन्या को,'' सन्तों ने जवाब दिया, ''यह लोहे के मूसल को जन्म देगा जो यादव वंश का सर्वनाश करेगा।'' उनके आतंक की सीमा न रही जब कुछ ही महीनों बाद, साम्ब को बहुत कष्टकारी पीड़ा हुई और उसने लोहे के एक मूसल को जन्म दिया।

जब यह बात यादव वंश के बड़े-बूढ़ों को पता चली, तो उन्होंने उन युवकों को सलाह दी कि वे उस गदा को पीस कर लोहे के चूरे को समुद्र में फेंक दें। दुर्भाग्यवश, वह चूरा अपने आप ही प्रभास के तट पर आ जमा और घास के नुकीले पत्तों में परिवर्तित हो गया। लोहे के एक टुकड़े को, जो चूर-चूर नहीं हो पाया था, एक मछली ने निगल लिया। उस मछली को जरा नाम के एक व्याध ने पकड़ लिया जिसने लोहे के टुकड़े से तीर का फलक बना लिया।

कुछ समय बाद, यदुवंशी लोग प्रभास के तट पर मौज मनाने गए। उन्होंने वहाँ मदिरापान किया और कुरुक्षेत्र के युद्ध की चर्चा करने लगे। जिन लोगों ने पाण्डवों का पक्ष लिया था, उन लोगों से बहस करने लगे जिन्होंने कौरवों का पक्ष लिया था। जल्द ही यदुवंशी दो गुटों में बँट गए और हर गुट अपनी बात पर अड़ा हुआ था। जब शब्द विफल हो गए, तो बहस हिंसक हो गई। पुरुषों ने घास के पत्तों को उखाड़ कर उनसे एक-दूसरे को मारना शुरू कर दिया। दुर्भाग्य से, घास की वे पत्तियाँ साधारण पत्तियाँ नहीं थीं। वे नश्तर की तरह पैनी थीं और उनके वार से लोग मर जाते। इससे पहले कि स्थितियाँ सँभाली जातीं, यादव वंश के पुरुषों ने एक-दूसरे की हत्या करनी शुरू कर दी।

इस युद्ध को रोकने के प्रयास को निष्फल होते देख, कृष्ण वन में चले गए, जहाँ संयोगवश जरा के तीर से उनकी मृत्यु हो गई।

- साम्ब अपने पिता की तरह विपरीत-लिंगी वेश धारण करता है, लेकिन इसके परिणाम बहुत बुरे होते हैं। साम्ब सन्तों की हँसी उड़ाना और उनकी परीक्षा लेना चाहता है और नतीजे के तौर पर उसे अपने और अपने वंश के लिए शाप मिलता है। कृष्ण ने जो कुछ सारी उम्र लगा कर सँजोया था, साम्ब उसका सर्वनाश कर देता है। यहाँ विपरीत-लिंगी वेशधारण को नकारात्मक दृष्टिकोण से देखा गया है। यह रक्षा करने की बजाय विनाशकारी सिद्ध होता है।

- कृष्ण का पुत्र होने के बावजूद साम्ब कई समस्याएँ खड़ी करता है। पद्म पुराण के अनुसार, साम्ब कृष्ण होने का स्वाँग धरता है और कृष्ण की छोटी रानियों को मूर्ख बनाने की कोशिश करता है। इस अपराध के लिए उसे चेहरे पर त्वचा रोग से ग्रस्त होने का शाप दिया जाता है जिससे पिता-पुत्र में अन्तर किया जा सके। तब साम्ब सूर्यदेव से प्रार्थना करता है और इस त्वचा-रोग से मुक्ति पाता है। भारत भर में इसी कारण सूर्य मंदिरों के साथ साम्ब का नाम ज़ुड़ा है।

- 'भागवत पुराण' में, साम्ब दुर्योधन की बेटी का अपहरण करने का विफल प्रयास करता है जिसके फलस्वरूप कौरवों और यदुवंशियों में युद्ध की स्थिति पैदा हो जाती है। दोबारा शान्ति तभी स्थापित हो पाती है जब कृष्ण के बड़े भाई, बलराम धमकी देते हैं कि वे अपने वियाल हल से हस्तिनापुर को समुद्र में खींच ले जाएँगे ।

- साम्ब की कहानियों में शायद यह चेतावनी दिखाई देती है कि हमें ऐसा कदापि नहीं सोचना चाहिए कि भगवान का बेटा भी भगवान जैसा ही होगा। हर प्राणी अनोखा है और अपने-अपने कर्मों का बोझ उठाए हुए है।

24

रानी एल्ली – जो अपने बिस्तर पर किसी पुरुष की मौज़ूदगी नहीं चाहती थी

'तमिल महाभारत' से

एक बार एक नि:सन्तान पांड्यन नरेश अपने एक सेवक के हाथ अपना राज-पाट छोड़ कर वन में ऐसे ऋषियों की तलाश में निकल पड़ा जो उसके लिए यज्ञ करके देवताओं का आह्वान करें और उनसे एक सन्तान प्राप्त करें। यही हुआ, ऋषियों ने राजा के लिए एक पुत्री प्राप्त की। फूल में मिलने की वजह से उसे नाम दिया गया 'एल्ली'।

जब राजा वापस लौटा, तो यह देख कर हैरान रह गया कि उस सेवक ने उसका राज्य हड़प लिया था। यह देख कर राजा वापस वन को लौट गया। ऋषियों ने उसे सलाह दी कि वह अपनी कन्या का पालन-पोषण पुत्र की तरह करे और उसकी शिक्षा-दीक्षा राजकुमारों की तरह करे।

एल्ली एक महान योद्धा बन गई और जब वह वयस्क हुई तो उसने सेना खड़ी की, उस झूठे दावेदार पर हमला कर दिया, जो उसके पिता के सिंहासन पर बैठा था और अपने उचित अधिकार को प्राप्त कर लिया। उसे पाण्ड्यन साम्राज्य की रानी घोषित किया गया। उसकी प्रजा उसके सामने सिर झुकाती थी। हर कोई उससे डरता था, क्योंकि वह एक बहुत ही कठोर शासक थी। उससे विवाह करने की भी हिम्मत किसी में नहीं थी। वास्तव में वह स्वयं भी किसी से विवाह करने की इच्छुक नहीं थी।

लेकिन अर्जुन ने अपनी तीर्थयात्रा के दौरान उसे देख लिया और उसने एल्ली से विवाह करने की ठान ली। कृष्ण और अर्जुन दोनों ही औरतों के कपड़े पहन कर एल्ली के राज्य में घुस गए और उन्होंने विस्तार से अर्जुन की सुन्दरता और बहादुरी के कारनामों का बखान किया। अपने को एक पुरुष न बता कर अर्जुन एल्ली का आलिंगन करने और उसे यह बताने में सफल हो गया वह कैसे उससे प्रेम करेगा लेकिन एल्ली इससे भी प्रसन्न नहीं हुई। कोई भी पुरुष उसे प्रसन्न नहीं कर सकता था, लेकिन अर्जुन उसे अपनी पत्नी बनाने पर आमादा था। वह कभी असफल नहीं हुआ था और वह इस बार भी असफल नहीं होने वाला था।

आख़िरकार, अर्जुन ने कृष्ण से मदद माँगी। कृष्ण ने अर्जुन को एक मंत्र दिया जिससे वह एक सर्प बन गया। इस तरह, अपना रूप बदल कर वह एल्ली के बिस्तर में घुस गया जब वह नींद में थी और उसी अवस्था में अर्जुन ने उसके साथ यौनाचार

किया। पहले-पहल तो एल्ली गुस्सा हुई और उसने विरोध किया, लेकिन फिर वह भी उसके साथ प्रेम के लिए प्रस्तुत हो गई और अर्जुन की बहुत-सी पत्नियों में से एक बन गई।

- सोलहवीं सदी के कवि पुगझेंडी ने 'एल्ली अरसानी मलई' की रचना की। यह एल्ली पर लिखी गई क्षेत्रीय गाथाओं में से एक है जो एल्ली को तमिलनाडु में पाए जाने वाले 'महाभारत'-सम्बन्धी साहित्य की विशाल सूची का एक भाग बनाता है ।

- 'एल्ली राज्यम्' का शाब्दिक अर्थ है, 'एल्ली का शासन', जिसका प्रयोग तमिल भाषा में ऐसी गृहस्थी के लिए किया जाता है जहाँ सब औरतें ही हों।

- मदुरई के मंदिरों की कथाओं में कहा गया है कि किस प्रकार मदुरई पर एक बार तीन स्तनों वाली मीनाक्षी का शासन था जो पूरी दुनिया को जीत लेना चाहती थी। लेकिन जब उसने काशी में शिव को देखा, तो उसे शिव से प्रेम हो गया और उसका अतिरिक्त स्तन लुप्त हो गया। लेकिन अब भी देवी के रूप में पूजी जा कर मदुरई में उसका वर्चस्व है। चिदम्बरम में, जब शिव की पूजा नृत्य के स्वामी नटराज के रूप में की जाती है तो वे प्रमुख होते हैं। मीनाक्षी के मंदिरों में, अक्सर उसकी प्रतिमा को पाजामा पहने दिखाया गया है, जो शासक के लिए उपयुक्त पोशाक है। उन्होंने अपने हाथ में मोर जैसा तोता पकड़ रखा है, लेकिन उनकी कमर पर उनकी कटार लटक रही होती है।

- भारत के दक्षिणी छोर पर कन्याकुमारी है, जिसे अपने प्रिय शिव से विवाह करने की अनुमति नहीं है, क्योंकि वह अपने प्रचंड रूप में राक्षसों से जगत की रक्षा करती है और उपमहाद्वीप को समुद्र में बह जाने से रोकती है।

- भारतीय पौराणिक कथाओं में उन योद्धा स्त्रियों की कहानी आम है जो विवाह करने की इच्छा नहीं रखतीं या जिनका विवाह नहीं हो पाता। विवाह स्त्री को बदल कर रख देता है। विवाह के बाद स्त्री संकोची, घरेलू और नश्वर हो जाती है। प्रचण्ड तेजस्वी देवियों की सेवा ब्रह्मचारी पुरुषों या उन स्त्रियों द्वारा की जाती है जो किसी भी पुरुष से बँधी हुई नहीं होतीं। परिणामतः इन परिचारिकाओं को किसी प्रकार की आजादी नहीं होती थी और उनके साथ पवित्र वेश्याओं जैसा व्यवहार किया जाता था।

- एल्ली की कहानी से रवीन्द्रनाथ ठाकुर द्वारा चित्रांगदा-अर्जुन की प्रणय कथा की पुनर्रचना की याद आ जाती है जहाँ राजकुमारी मर्दाना योद्धा है जिसे डर है कि अर्जुन उससे तब तक प्रेम नहीं करेगा जब तक वह नारी रूप में नहीं आती। उसे खुशी होती है कि अर्जुन, जो अपनी 'स्त्रैण' पत्नियों से उकता चुका था, एक 'मर्दाना' स्त्री के साथ साहसी कार्यों की इच्छा करता है और इसलिए चित्रांगदा को उसके वास्तविक रूप में ही स्वीकार करता है।

- पाँचवीं सदी में काम और यौन सम्बन्धी ग्रंथ 'कामसूत्र' और बारहवीं सदी के भाष्य 'जयमंगला' में 'स्वैरिणी'—स्वतंत्र नारी—का उल्लेख है जो अपने घर में दोनों लिंगों से प्रेम करने वालों का सत्कार करती है।

25

कोप्पेरुमचोलन राजा - जो अपनी क़ब्र के साथ वाली क़ब्र में एक पुरुष चाहता था

तमिल 'पुराणानुरु' से

बहुत समय पहले की बात है, जम्बूद्वीप के दक्षिणी भाग, तमिलक्कम से जहाज दक्षिणी समुद्र में सुवर्ण भूमि, पूर्व में चीन देश और पश्चिम में श्वेत द्वीप जैसे सुदूर देशों की ओर जाते। वे अपने साथ कपड़ा और मसाले ले जाते और सोना ले कर आते। इस देश के राजा धनवान होने के साथ-साथ सुसंस्कृत भी थे। वे कविता में रुचि लेते थे और विश्व के बारे में कवियों द्वारा अपने विचारों के प्रचार को प्रोत्साहन देते थे। यह संगम युग था।

एक बार कोप्परुमचोलन नामक राजा का ध्यान पिसिरंथियार की कविता पर गया। कविता के मूल तत्व और शैली से राजा बहुत प्रभावित हो गया। राजा ने निष्कर्ष निकाला, "सिर्फ यही कवि मेरी आत्मा को समझता है।"

जब राजा की समीक्षा कवि पिसिरंथियार तक पहुँची तो कवि ने कहा, "सिर्फ यही राजा मेरी रचनाओं को समझता है।"

और इस तरह कई वर्ष बीत गए, राजा कवि की कविताओं को सुनता और कवि राजा की प्रशंसा को। उन दोनों को एक-दूसरे के प्रति बहुत जुड़ाव महसूस होता था, इसके बावजूद कि उनकी एक-दूसरे से कभी भेंट नहीं हुई थी।

फिर एक दिन, राजा ने तय किया कि अब उसके मरने का समय आ गया है। अपने बेटे के साथ राजा के कई मतभेद थे। राजा ने महसूस किया कि पारिवारिक कलह को समाप्त करने का सबसे अच्छा तरीका यही है कि अपना सिंहासन अगली पीढ़ी को सौंप कर दुनिया को अलविदा कह दिया जाए। सो, राजा अपनी सारी सम्पत्ति छोड़ कर पहाड़ की चोटी पर चला गया और उसने उत्तर की ओर मुख करके भूखे रह कर मरने का फैसला किया। राजा ने अपने सेवकों से कहा, "मेरी क़ब्र बनाते समय बगल में एक क़ब्र और बनाना।"

सेवकों ने पूछा, "महाराज, ऐसा क्यों?"

राजा ने कहा, "मेरे जाने की ख़बर पाकर मेरा कवि मित्र मेरे पास आएगा और मर कर मेरी बगल में ही दफ़न होना चाहेगा।'

"लेकिन आपकी उससे कभी मुलाकात तो हुई नहीं। आपको कैसे पता कि वह आएगा?"

"मैं उसे जानता हूँ। और वह भी मुझे समझता है। वह अवश्य आएगा।"

और राजा का कहना सही निकला। कवि आया और वे दोनों दोस्त एक-दूसरे की बगल में दफ़न किए गए।

- 'पुराणानुरु' तमिल कविताओं का संग्रह है, जो 1000 ई.पू. से 300 ईस्वी के मध्य लिखी गईं और संगम साहित्य का अंग हैं।

- तमिल संगम साहित्य में उत्तर भारत की संस्कृति से बिल्कुल भिन्न दक्षिण भारत की संस्कृति नज़र आती है, जहाँ कविताओं का बड़ा महत्त्व था। इनमें पांड्य, चेर और चोल शासकों द्वारा शासित प्रदेश का उल्लेख है।

- यह एक आत्मिक और अलौकिक प्रेम की कथा है। लेकिन कई लोग इसे किन्नर प्रेम के रूप में देखेंगे, जो उस मैत्री के बन्धन से अधिक गहरा है जो एक ही साथ बौद्धिक और भावनात्मक है, भले ही शारीरिक न हो।

- कहा जाता है कि राजा द्वारा अन्न को त्याग कर मृत्यु को प्राप्त करना प्राचीन हिन्दू प्रथा को दर्शाता है। कुछ लोगों का अनुमान है कि वह राजा कोई जैन राजा हो सकता है।

- भारत में मकबरे या समाधियाँ सिर्फ सन्तों और महान राजाओं की बनाई जाती हैं। अधिकांश लोग मृतक देह का दाह संस्कार करके राख को नदी में बहा देते हैं। इसके पीछे उन लोगों का पुनर्जन्म (जन्म और मृत्यु के चक्र) में विश्वास भी है।

- तमिलक्कम को ऐसी अद्वितीय दक्षिण भारतीय संस्कृति का हवाला देने के लिए इस्तेमाल किया जाता है जिसकी अपनी स्वतंत्र जड़ें थीं। समय के साथ दक्षिण में उत्तर से ब्राह्मणवाद, बौद्धधर्म और जैन धर्म सहित विभिन्न विचारों का आना हुआ। ईश्वर के प्रति समर्पण या भक्ति का विचार दक्षिण से उत्तर

की ओर पहुँचा।

- 'पुराणानुरु' अन्य कवियों द्वारा गाए गए गीतों के बारे में बताता है, जिन्हें यह जानने की उत्सुकता थी कि राजा ने अपनी बगल में दफ़न होने के लिए उन्हें आमन्त्रित क्यों नहीं किया। इसके बावजूद, राजा के प्रति उनका स्नेह और आदर इतना गहरा था कि कई कवि राजा के पीछे जाने की इच्छा रखते थे।

साथ बहा कर न ले जाए। जब वे नहा कर पानी से बाहर आए, तो वे एक बार फिर पुरुष के रूप में आ चुके थे। लेकिन उनके जिस हाथ में आम थे, उसमें अब भी चूड़ियाँ थीं, जो उन्होंने एक स्त्री होने पर पहन रखी थीं।

अचानक उन्हें वह सब याद आ गया जो घटित हुआ था। जिस पुरोहित ने उन्हें स्नान करने के लिए कहा था, वह वास्तव में स्वयं कृष्ण थे, ''देखिए, आप कैसे मुझे और मेरी प्यास को भूल गए और आपने मेरा यह निर्देश भी बिसरा दिया कि पानी पीने से पहले स्नान कर लेना। देखिए, कैसे आपने एक बार औरत बनने पर एक पुरुष को अपनी ओर आकर्षित करने का आनन्द उठाया और उसके बाद अपनी सन्तान की चाहत का। और जब वे मृत्यु के शिकार हो गए, तो आप उन्हें भूल कर अपनी आम खाने की इच्छा को सन्तुष्ट करने लगे। यही माया है, इच्छा से उत्पन्न मति-भ्रम, जो आपको सब कुछ भूल जाने को विवश कर देता है, सिवा आत्म-तुष्टि के।''

नारद को अब सबक मिल चुका था और उन्होंने अपना नारी वाला हाथ, जिसमें आम पकड़ा हुआ था, पानी में डुबो दिया और वह पुरुष के हाथ जैसा हो गया और हाथ में पकड़ा हुआ वह आम एक तम्बूरा बन गया, जो नारद के हाथ में हमेशा दिखाई देता है।

* अनुमान है कि भागवत पुराण दक्षिण भारत में पाँचवीं और दसवीं सदी ईस्वी के मध्य रचा गया होगा।

* किसी सरोवर या नदी में डुबकी लगाने के बाद पुरुष का नारी के रूप में परिवर्तित हो जाना और नारी का पुरुष के रूप में परिवर्तित हो जाना हिन्दू पौराणिक कथाओं में बार-बार आने वाला रूपक है, जो संस्कृत पुराणों और क्षेत्रीय मौखिक परम्पराओं दोनों में पाया जाता है। कभी-कभी यह परिवर्तन वरदान सिद्ध होता है, उदाहरण के लिए, कभी-कभी औरत किसी सम्भावित बलात्कारी से बच जाती है या वह अन्ततः अपनी स्त्री प्रेमिका से विवाह कर सकती है, या वह अपने पुरुष प्रेमी से विवाह कर सकता है। वहीं कभी-कभी यह अभिशाप भी है। लेकिन अक्सर

यह इस संसार को दूसरे की निगाह से देखने और समझने का एक अवसर है।

- यह कथा इच्छा (काम) को मतिभ्रम (माया) से जोड़ती है। जैसे-जैसे भारत में आश्रम और मठ-व्यवस्था बढ़ी, यौन सुख को बुरा समझा जाने लगा। समलैंगिक इच्छा को नकारात्मक दृष्टि से देखा जाने लगा, जिसमें प्रजनन से सम्बन्धित कोई तत्व नहीं होता, अगर कुछ होता है तो सिर्फ़ यौन-इच्छा की तुष्टि।

- ऋषियों के संरक्षक शिव काम-वासना के देवता, काम को अपने प्रचण्ड तीसरे नेत्र से नष्ट कर देते हैं। लेकिन तब देवी ने, कामाख्या (जिनकी आँखों में स्वयं काम मौजूद है) का रूप ले कर और उन्हें अपना पति बना कर शान्त किया, और उस रूप में शिव ने प्रेम करने की कला के बारे में बताया जो उनके बैल नन्दी द्वारा मानव जाति तक पहुँची। उसी ज्ञान का एक अंश प्रणय-क्रिया की नियमावली, कामसूत्र है।

27

प्रमिला – जिसे किसी पुरुष का ज्ञान नहीं था

हिन्दी के 'नवनाथ चरित्र' से

एक बार प्रमिला नाम की एक राजकुमारी ने एक गंधर्व को आकाश में उड़ते हुए देखा। उसे देख कर राजकुमारी ने गंधर्व के गुप्तांग पर अप्रिय टिप्पणी कर दी और गंधर्व ने गुस्से में आकर उस राजकुमारी को शाप दे दिया कि वह हमेशा स्त्रियों के देश में ही रहेगी जहाँ कोई पुरुष प्रवेश नहीं कर सकेगा। यह स्त्री-राज्य था, जो केले के बाग या कदली-वन में स्थित था।

प्रमिला स्त्रियों के उस राज्य में रहने लगी और हमेशा यही सोचती कि वह माँ कैसे बन पाएगी। एक दिन, उसकी प्रार्थनाओं के उत्तर में महान नाथपन्थी योगी मत्स्येन्द्रनाथ ने कदली-वन में प्रवेश किया। वर्षों के योग और ब्रह्मचर्य का प्रभाव था कि उन पर गंधर्व के शाप का कोई असर नहीं हुआ। प्रमिला ने उन्हें वशीभूत कर लिया और वहाँ से जाने नहीं दिया। उस योगी से उसे और उसके राज्य की अन्य नारियों को सन्तानें उत्पन्न हुईं।

मत्स्येन्द्रनाथ को मुक्त कराने के लिए उनके एक शिष्य गोरखनाथ ने भी अपनी योग शक्तियों का प्रयोग करके कदली-वन में प्रवेश किया। लेकिन वह स्त्री के वस्त्र पहन कर ढोल बजाने लगा और मत्स्येन्द्रनाथ को अपना वास्तविक लक्ष्य याद दिलाने वाले गीत गाने लगा। इस तरह, वह अन्ततः अपने गुरु को कदली-वन से बाहर ले आने में सफल हो गया। मत्स्येन्द्रनाथ के पुत्र भी अपने पिता के पीछे-पीछे चल पड़े, प्रमिला को अपनी स्त्री साथियों के साथ पीछे अकेला छोड़ कर ।

- मत्स्येन्द्रनाथ और गोरखनाथ, दोनों रहस्यवादी योगी थे जो दसवीं सदी में भारत में घूमते-फिरते थे। वे भक्ति और सूफी परम्पराओं के साथ मिलते और उनमें विलीन होते रहते हैं और आदि-नाथ में अपनी वंश-परम्परा तलाश करते हैं, जो अत्रि और अनसूया के पुत्र दत्त थे, प्रथम गुरु, जो ब्रह्मा, विष्णु और शिव के एक अवतार के रूप में जाने जाते हैं। वे ब्रह्मचारी भिक्षुक थे जो योग का पालन और तांत्रिक अनुष्ठान करते थे और माना जाता है कि उन्हें ब्रह्मचर्य और योग के अभ्यास से प्राप्त जादुई शक्तियाँ यानी सिद्धियाँ प्राप्त थीं।

- कदली-वन एक रूपक भी हो सकता है, क्योंकि संस्कृत भाषा में केले के पेड़ का तना अक्सर नारी की जाँघ के बराबर ठहराया जाता है। शायद इसी से स्त्रियों की भूमि को कदली-वन कहा गया है।

- वानर देव हनुमान, जिन्होंने ब्रह्मचर्य का व्रत लिया हुआ था, कदली-कुंज में निवास करते बताए जाते हैं और वहाँ रहते हुए राम का गुणगान करते हैं, इस तरह अपनी इन्द्रियों और इच्छाओं पर नियन्त्रण करने की शक्ति का प्रदर्शन करते हैं। लेकिन, एक कहानी ऐसी भी मिलती है कि कैसे उनकी आवाज़ से स्त्री-राज्य की नारियाँ गर्भवती हो जाती हैं। एक अन्य कहानी में, वे उन नारियों को वचन देते हैं कि वे उनकी इच्छाओं को सन्तुष्ट करने के लिए एक पुरुष (जो कथा के भिन्न-भिन्न संस्करणों में मत्स्येंद्रनाथ या अर्जुन हो सकते हैं) भेजेंगे।

- कदली-कुंज एक ऐसी जगह है जहाँ कोई पुरुष प्रवेश नहीं कर सकता। और दोनों नाथ योगी उस स्थान पर रहते हैं जहाँ स्त्रियों का प्रवेश स्वीकार्य नहीं है। इस प्रकार नारी और पुरुष जगत को अलग-अलग कर दिया गया है। इस प्रकरण में किन्नर दृष्टि यह जानना चाहेगी कि क्या विपरीत लिंग की अनुपस्थिति वहाँ के निवासियों को परस्पर समलैंगिक भावनाओं और शारीरिक लगाव की ओर ले जाएगी, जो उन लोगों में खीझ पैदा कर सकता है जो ग़ैर-किन्नर भावनाएँ अनुभव नहीं करते।

- यह विडम्बना है कि गोरखनाथ स्त्री-राज्य की स्त्रियों को पुरुषों के साथ से वंचित करने के लिए नारी का रूप धारण करते हैं।

- 'महाभारत' पर आधारित कन्नड़ और मलयालम रचना जैमिनी-अश्वमेध में युधिष्ठिर द्वारा आयोजित किए गए अश्वमेध यज्ञ का वर्णन विस्तारपूर्वक किया गया है। इस रचना में स्त्रियों की नगरी—नारी पुर का संदर्भ आता है, जहाँ की रानी प्रमिला यज्ञ के घोड़े को पकड़ लेती है और उसे तब तक न छोड़ने

के लिए कहती है, जब तक अर्जुन उससे विवाह करने के लिए अपनी सहमति नहीं दे देता।

- विजयनगर राज्य में, जो पन्द्रहवीं सदी में विकसित हुआ और जो आधुनिक कर्नाटक और आन्ध्र प्रदेश तक फैला हुआ था, योद्धाओं के कई परिवारों ने, जिनके पुत्र युद्धभूमि में मारे गए, अपनी बेटियों को अपने 'पुत्र' घोषित कर दिया था, यानी उनकी बेटियों के पुत्र पारिवारिक सम्पत्ति के उत्तराधिकारी होंगे। इस तरह से घोषित ये 'पुत्र' किसी भी पुरुष के संग यौन सम्बन्ध स्थापित करने के लिए स्वतन्त्र थे और विवाह के बन्धन में बँधने के लिए बाध्य नहीं थे, क्योंकि विवाह करने से उनके माता-पिता की सम्पत्ति पर उनके पति का अधिकार हो जाता। ऐसी स्त्रियों को बसवी या मादा वृषभ कहा जाता था। समय के साथ, ऐसी कई स्त्रियों को आजादी से वंचित करके पवित्र गणिकाओं यानी वेश्याओं की तरह उनका शोषण किया जाने लगा।

- हिन्दू लोक साहित्य में ऐसे वन की धारणा काफी लोकप्रिय है जहाँ सिर्फ स्त्रियाँ या 'अपुरुष' ही प्रवेश कर सकते हैं। यही वह जंगल है जहाँ बिना किसी पुरुष के व्यवधान के शिव और शक्ति बड़ी आवेग-भरी प्रेम-क्रीड़ा करते हैं।

28

ऋष्यशृंग – जिन्हें किसी नारी का ज्ञान नहीं था

'उड़िया रामायण' से

विभाण्डक ऋषि ने ब्रह्मचर्य का व्रत लिया हुआ था और वे योग द्वारा अपने वीर्य को उलटी दिशा में प्रवाहित करने के लिए संकल्पबद्ध थे। यह उन्हें अमर बना देने और प्रकृति के ऊपर शक्ति प्रदान करने वाला था। लेकिन दुर्भाग्यवश, उन्होंने इन्द्र द्वारा, जिसे ऋषि की तपस्या से अपना सिंहासन डोलता हुआ महसूस हो रहा था, भेजी एक सुन्दर अप्सरा देखी। ऋषि मुग्ध हो गए और उनका वीर्य स्खलित हो कर धरती पर गिर गया। उसे एक हिरणी ने चर लिया ऋषि के पुत्र को जन्म दिया, जिसके सिर पर सींग थे। विभाण्डक ने उसे ऋष्यशृंग का नाम दिया और उन्होंने ठान लिया कि वे अपने पुत्र पर किसी नारी का साया भी न पड़ने देंगे। विभाण्डक ने एक मन्त्र का प्रयोग भी किया जो किसी स्त्री को उनके आश्रम के निकट नहीं आने देगा। इस प्रकार, ऋषि विभाण्डक ने अपने को और अपने पुत्र को नारियों के ख़तरे से बचाया।

समय आने पर, ऋष्यशृंग महान योगी बन गए। एक दिन, गड़गड़ाहट की आवाज़ सुनकर उनके हाथ से पानी का पात्र छूट गया। इससे ऋष्यशृंग को क्रोध आ गया और उन्होंने एक शाप दे दिया कि वर्षा के बादल उनके आश्रम के आस-पास कहीं भी नहीं आ पाएँगे। उनके शाप से संकट खड़ा हो गया क्योंकि उनके आश्रम के आस-पास की धरती भयंकर सूखे का शिकार हो गई।

अपने राज्य को भयंकर अकाल से बचाने के लिए वहाँ के राजा ने एक देवदासी को ऋषि के पास भेजा, ताकि वह उनका ध्यान भंग कर सके, क्योंकि पथभ्रष्ट होने पर उनकी यौगिक शक्तियाँ क्षीण हो जातीं और वर्षा के बादलों को दिया गया उनका शाप भी बेअसर हो जाता।

लेकिन इसमें एक समस्या थी कि वह देवदासी उनके आश्रम के निकट नहीं जा सकती थी। इसके अतिरिक्त ऋषि-पुत्र ने अपने जीवन में कभी किसी नारी को देखा ही नहीं था, इसलिए उन्हें नारी के साथ समागम के बारे में कुछ भी नहीं पता था।

वह देवदासी विभाण्डक के आश्रम के घेरे से बाहर खड़ी रही और नाच-गाने से ऋष्यशृंग को धीरे-धीरे लुभाने लगी और उनकी वासना को जगाते हुए अपने हाव-भाव से उन्हें यह समझाने लगी कि वह एक 'अलग किस्म का पुरुष' थी और आख़िरकार उसने उन्हें अपने साथ शारीरिक सम्बन्ध बनाने के लिए तैयार कर लिया। इतना होते ही बारिश होने लगी और सूखे का अन्त हो गया।

- अपनी वासना को नियन्त्रित करने की विभाण्डक की असमर्थता, एक हिरणी से उनके पुत्र का किन्नर जन्म, उनका अपने आश्रम के आस-पास नारी के साए को भी दूर रखने का उनका निर्णय ब्रह्मचर्य और आश्रमवासी की मानसिकता को दर्शाता है, जो हिन्दू धर्म के गृहस्थ आश्रम के लिए एक चुनौती है।

- इस कथा के माध्यम से ब्रह्मचर्य के साथ सूखे के सम्बन्ध का पता चलता है। इसी कारण श्रेष्ठतम तपस्वी कहलाने वाले शिव को संहारक कहा जाता है। तंत्र में ब्रह्मचर्य का पालन करते हुए वीर्य को अक्षत रखना और योग अभ्यास का इस्तेमाल करते हुए वीर्य को उलटी दिशा में अर्थात रीढ़ से मस्तिष्क की ओर ले जाना सम्भव हो सकता है। इसे उर्ध्व-रेतस कहा जाता है। इससे ताप या आत्मिक अग्नि उत्पन्न होती है जो तपस्वी को विशेष शक्ति प्रदान करती है, जिसे सिद्धि कहते हैं। सिद्धि प्राप्त होने पर तपस्वी प्रकृति के विधान को अपने हाथ में ले सकता है और उसमें फेर-बदल कर सकता है। सिद्धि प्राप्त होने से तापस या तपस्वी बहुत ख़तरनाक हो जाता है। ऋषि को रोकने के लिए इन्द्र उनका ध्यान भंग करने और उनके वीर्यप्रवाह को सामान्य बनाने के लिए अप्सराएँ भेजता है। यह कथा इन अन्तर्निहित मान्यताओं को दर्शाती है।

- क्या देवदासी के आने से पहले अबोध ऋष्यशृंग के अन्दर, जिन्होंने कभी स्त्रियों को नहीं देखा था, पुरुषों की दुनिया में जहाँ वे रहते थे, यौन इच्छा का अनुभव हुआ था ? अन्त में उन्होंने किसी स्त्री से संसर्ग किया था या वह कोई एक अलग प्रकार का पुरुष था ?

- उड़ीसा की पट्ट-चित्र कला में, ऋष्यशृंग को दो सींगों सहित दर्शाया गया है जो एक पशु के गर्भ से उनके किन्नर विलक्षण जन्म को दिखाता है। क्योंकि

वे सबसे अलग हैं, इसलिए वे कोई समाज से बहिष्कृत या ठुकराए गए व्यक्ति नहीं हैं। वे अनोखे और सही व्यक्ति हैं, कोई दानव या डरावना जीव नहीं हैं।

- उड़िया रामायण में, जैसी चौदहवीं शताब्दी में विख्यात उड़िया कवि बलरामदास ने रची, पुरी के मंदिरों में देवदासी या महरी संस्कृति के कारण वेश्याओं के विचार को सहजता से स्वीकार किया जाता है। बाद के प्रारूपों में अधिक शुद्धतावादी प्रवृत्ति दिखती है।

- हिन्दू परम्पराओं में, यौन-क्रियाएँ धर्म (प्रजनन), अर्थ (व्यापार), काम (आनन्द) और मोक्ष (अलौकिकता) के लिए हो सकती हैं। वे कभी पाप नहीं रहीं। किन्नर यौन क्रिया या तो अर्थ के लिए होती है या काम के लिए।

- हिन्दू मान्यताओं में, ग़ैर-प्रजनन कारणों से वीर्य का स्खलन पुनर्जन्म के चक्र में फँसा देता है। प्रजनन के उद्देश्य से हुआ वीर्यपात पुनर्जन्म के चक्र में नहीं फँसाता। अलौकिक उद्देश्यों से वीर्य का संरक्षण पुनर्जन्म के चक्र को तोड़ देता है।

29

शिव - जिन्होंने अपनी पुरुष देह में नारी की देह को शामिल किया

'शैव आगम' से

एक बार नन्दी बैल ने शिव से पूछा कि वे अर्धनारी क्यों बने। नन्दी के इस प्रश्न के उत्तर में शिव ने उसे तीन कथाएँ सुनाईं :

पहली कथा ब्रह्मा से जुड़ी है। जब सृष्टि की शुरुआत हुई, तो सबसे पहले कमल का फूल खिला और उसमें से ब्रह्मा निकले। वे बिल्कुल अकेले थे इसलिए उन्होंने किसी अन्य की सृष्टि करने का फैसला किया। उनके विचार उनके पुत्र बने। ब्रह्मा के इन मानस पुत्रों ने आगे किसी और का प्रजनन करने से मना कर दिया। इससे ब्रह्मा को बहुत धक्का लगा। उन्हें समझ नहीं आ रहा था कि वे अब क्या करें। तभी एक विचार उनकी आँखों के सामने प्रकट हुआ। उन्हें अपने विचारों में एक प्राणी दिखाई दिया जिसके शरीर का आधा भाग नारी का था और आधा भाग नर का। उस प्राणी के शरीर को देख कर ब्रह्मा विभोर हो उठे और उससे उन्हें प्रजननशील प्राणी के सृजन की प्रेरणा मिली। उन्होंने उस प्राणी के शरीर के बाएँ हिस्से से स्त्रियों की सृष्टि की और उन्हें पत्नियों के रूप में अपने पुत्रों को सौंप दिया और उनसे प्रजनन करने का आग्रह किया। इस प्रकार यह सृष्टि प्राणियों से आबाद हुई।

दूसरी कथा ऋषि भगीरथ के साथ जुड़ी है। भगीरथ ने देवताओं का आह्वान किया और उनसे आकाश गंगा को पृथ्वी पर उतारने का आग्रह किया, ताकि लोग अपने पापों को धो सकें और मृतात्माएँ सुचारू रूप से पुनर्जन्म ले सकें। गंगा नदी धरती पर अवतरित होने को सहमत हो गई, लेकिन उसने भगीरथ को बड़े गर्व से चेतावनी भी दी कि धरती उसके प्रचण्ड वेग को सहन नहीं कर पाएगी। इसलिए भगीरथ ने शिव का आह्वान किया और उनसे प्रार्थना की कि वे अपनी प्रबल जटाओं में फँसा कर गंगा के आवेग को रोकें। शिव ने भगीरथ की प्रार्थना स्वीकार कर ली और वे पृथ्वी पर सबसे ऊँची चोटी पर खड़े हो गए। अब वे धरती पर उतरती हुई गंगा नदी को धारण करने के लिए तैयार थे। दर्प-भरी गंगा नीचे कूदी, लेकिन वह अपने आप को शिव के केशों में उलझा हुआ पा कर चौंक गई। उसकी तेज धारा का प्रवाह धीमा पड़ चुका था। जब शिव की संगिनी पार्वती ने गंगा मैया को शिव के शीश पर देखा, तो वे आग-बबूला हो उठीं और बोलीं, "आप मुझे अपनी पत्नी कहते हैं, लेकिन आपने अपने सिर पर एक परस्त्री को बिठा रखा है।" पार्वती को शान्त करने के लिए शिव ने उन्हें अपने आलिंगन में ले लिया और तब तक नहीं छोड़ा, जब तक कि वे उनमें

विलीन हो कर उनके शरीर का आधा हिस्सा नहीं बन गईं।

तीसरी कथा ऋषि भृंगी से जुड़ी है, जो शिव के प्रबल भक्त थे। ऋषि भृंगी ने शिव के धाम कैलाश पर्वत की यात्रा की। उनकी इच्छा अकेले अपने प्रभु के चारों ओर परिक्रमा करने की थी। लेकिन पार्वती ने उन्हें ऐसा करने से रोक दिया, "शिव और मैं दोनों दम्पति हैं। मुझे स्वीकार किए बिना आप समग्र शिव की आराधना नहीं कर सकते। इसलिए आपको चाहिए कि आप हम दोनों के चारों ओर परिक्रमा करें।" लेकिन वे शिव की परिक्रमा करने के लिए कृतसंकल्प थे, न कि पार्वती की क्योंकि वे पार्वती की पूजा नहीं करते थे। वे शिव की परिक्रमा न कर पाएँ, इसलिए पार्वती शिव के बाएँ अंक में बैठ गईं। भृंगी ने अपना रास्ता बनाने के लिए उन दोनों के बीच से निकलने की कोशिश की तो पार्वती ने अपना शरीर शिव के शरीर के साथ जोड़ लिया और वे शिव के शरीर का बायाँ हिस्सा बन गईं। भृंगी ने भी संकल्प लिया था कि वे किसी भी हालत में अपनी आराधना में पार्वती को शामिल नहीं करेंगे, सो वे एक मधुमक्खी के रूप में बदल गए और शिव के शरीर के बाएँ और दाएँ आधे हिस्सों के बीच अपना रास्ता बनाने की कोशिश करने लगे। उनकी इस धृष्टता पर नाराज़ हो कर पार्वती ने भृंगी को शाप दे दिया कि उनके शरीर का वह हिस्सा नष्ट हो जाएगा जो मादा बीज से बना होता है। उसी समय, भृंगी का सारा माँस और रक्त नष्ट हो गया और वे ज़मीन पर गिर गए। भृंगी के शरीर में अब हड्डियों के सिवा कुछ नहीं रह गया था। वे क्षमायाचना करते हुए देवी की प्रशंसा में उनका गुणगान करने लगे। अन्ततः शिव और पार्वती को उन पर दया आ गई और उन्होंने उन्हें एक तीसरी टाँग प्रदान की जिससे वे सीधे खड़े होने के योग्य हो जाएँ। लेकिन वे फिर भी हड्डियों का एक ढांचा मात्र ही थे, ताकि उन्हें हमेशा देवी की प्रतिष्ठा का स्मरण रहे।

- हिन्दू पौराणिक कथाओं में, पुरुष-रूप मस्तिष्क का और स्त्री-रूप प्रकृति का प्रतीक है। यहाँ जो मस्तिष्क प्रकृति को अन्यथा अस्वीकार करता है (शिव), वह प्रकृति का आलिंगन करता है और मानता है कि बिना प्रकृति के मस्तिष्क का न तो कोई अस्तित्व है और न उसे अपने अस्तित्व का कोई बोध हो सकता है। इस प्रकार, मस्तिष्क प्रकृति पर निर्भर करता है, जबकि

दूसरी ओर, प्रकृति मस्तिष्क पर निर्भर नहीं है। प्रकृति का मस्तिष्क के बिना भी अपना स्वतन्त्र अस्तित्व है। इस प्रकार देवी को शिव की ज़रूरत नहीं है, लेकिन शिव को देवी की ज़रूरत है।

- सभी देवताओं का एक नारी पक्ष होता है जिसे तांत्रिक साहित्य में उनकी शक्ति कहा गया है, लेकिन किसी भी देवी के पुरुष स्वरूप का वर्णन नहीं मिलता। इस प्रकार इन्द्र इन्द्राणी में परिवर्तित हो सकते हैं, शिव शिवानी में, विष्णु वैष्णवी में और विनायक विनायकी में, लेकिन पार्वती, लक्ष्मी या सरस्वती का कोई पुरुष स्वरूप नहीं मिलता।

- शिव-कथाओं का एक प्रमुख विषय है देवी द्वारा उन्हें गृहस्थ जीवन के अनुकूल बनाना। वह उन्हें तपस्वी से गृहस्थ बना देती हैं और साथ ही प्रचण्ड काली से सौम्य गौरी में बदल जाती हैं, गृहस्थ बनाने का यह विषय है इसमें भी निहित है कि कैसे शिव की जटाओं में फँस कर गंगा का आवेग कम हो जाता है।

- आगम मंदिरों के ग्रंथ हैं, दक्षिण भारत में विशेष रूप से प्रसिद्ध, जिनकी रचना पाँचवी से पन्द्रहवीं शताब्दी ईस्वी के बीच की अवधि में हुई। इन ग्रंथों में यह वर्णन है कि मंदिरों का निर्माण किस प्रकार किया जाए और जल-पुष्प और धूप से अभिषेक करके देवताओं की प्रतिष्ठा और आराधना किस प्रकार की जाए। वे पुराणों (इतिहास) और तंत्रों (तंत्र-मंत्र ग्रंथ) के साथ एक हो जाते हैं और निगम या वैदिक साहित्य से अलग हैं। निगम या वैदिक साहित्य यज्ञ पर केंद्रित है जिसमें निराकार देवों का आह्वान अग्नि को प्रज्ज्वलित करके किया जाता है। निगम साहित्य बौद्ध धर्म से पूर्व का और आगम साहित्य बाद का है।

- जहाँ शिव की अर्धनारी की मूर्ति को अक्सर लैंगिक समानता के प्रतीक के रूप में देखा जाता है, लेकिन वास्तव में ऐसा है नहीं, क्योंकि इस छवि को

शिव का स्वरूप कहा जाता है, न कि पार्वती का। देवी को पारम्परिक रूप से पुरुष की भूमिका में शेर पर सवार हो कर युद्ध में लड़ते हुए देखा जा सकता है, लेकिन देवी एक पुरुष या अर्ध-पुरुष कभी नहीं बनीं। इसलिए इस छवि को प्रतीकात्मक रूप से देखा जाना चाहिए, लैंगिक रूप में नहीं।

- यद्यपि पारम्परिक रूप से शिव एक ही पत्नी गौरी से जुड़े हैं, लेकिन मंदिरों के साहित्य और मौखिक प्रथाओं में अक्सर उनकी एक अन्य अप्रकट पत्नी, गंगा भी बताई गई है, जो शिव की जटाओं में छिपी रहती है। शिव के मंदिरों में गंगा को शिवलिंग के ऊपर एक छिद्रयुक्त पात्र के रूप में दिखाया गया है और गौरी को उस कुंड के रूप में जिसने शिवलिंग को थाम रखा है।

- मन्दिर परम्पराओं में, शायद विष्णु से सन्तुलन स्थापित करने के कारण, जिनकी भी दो पत्नियाँ हैं—श्रीदेवी और भूदेवी—शिव को दो पत्नियाँ दी गईं—गंगा और गौरी। उल्लेखनीय है कि देवी के कभी दो पति नहीं रहे। उन्हें या दो भाइयों के साथ देखा जाता है (कृष्ण और बलराम, जब वे पुरी के मंदिर में सुभद्रा के रूप में हैं) या फिर दो सेवकों के साथ (भैरव बाबा और लंगूर देवता, जब वे जम्मू में वैष्णो देवी और पंजाब में शेराँ वाली होती हैं)।

- चोल कांस्य कला में, शिव को दाएँ कान में पुरुषों वाले कर्णाभूषण और बाएँ कान में स्त्रियों के लिए बने कर्णाभूषण पहने दिखाया गया है। इस प्रकार, शिव पुरुष और नारी दोनों के साथ या कहें कि प्रकृति और मस्तिष्क के साथ अपनी सहजता दर्शाते हैं।

30

राम – जिन्होंने अपने शासन में सबको शामिल किया

हिजड़ों की मौखिक परम्परा से

अयोध्या नगरी के राजा दशरथ ने अपने ज्येष्ठ पुत्र राम का राज्याभिषेक करके वन में जाने और मनन-चिन्तन का जीवन बिताने का फैसला किया। लेकिन, राज्याभिषेक के अवसर पर उनकी पत्नी कैकेयी ने उन्हें उनका दिया वर्षों पुराना वचन याद कराया जिसमें राजा दशरथ ने कैकेयी को दो वरदान माँगने के लिए कहा था। "राम की बजाय मेरे पुत्र भरत को राजसिंहासन पर बिठाया जाए और राम को एक तपस्वी की तरह चौदह वर्ष के वनवास पर जाने का आदेश दिया जाए।"

अपने वचन से बँधे हुए होने के कारण राजा दशरथ ने राम को चौदह वर्ष के लिए वनवास जाने का आदेश दे दिया। राम ने अपने पिता की आज्ञा को शिरोधार्य किया। राम के मन में किसी प्रकार की ग्लानि या पश्चात्ताप नहीं था। राम ने अपने प्रिय भाई लक्ष्मण और अपनी कर्तव्यपरायण पत्नी सीता को साथ ले कर महल छोड़ दिया।

जब अयोध्यावासियों को सारी घटना पता चली तो वे सभी बहुत दुखी हुए। उन्हें राम से इतना स्नेह था कि वे सभी राम के पीछे-पीछे वन में जाने को तैयार हो गए। जब राम उस नदी तक पहुँचे जो उनके पिता के राज्य को जंगल से अलग करती थी, तो उन्होंने पीछे मुड़ कर कहा, "हे अयोध्या के पुरुषो और नारियो! अगर आप सब मुझसे सच्चा स्नेह करते हैं, तो अपने आँसू पोंछ कर मेरे भाई भरत के राज्य में लौट जाएँ। मुझे जंगल में अकेले जाना है। हम चौदह वर्ष के बाद फिर मिलेंगे।"

अयोध्यावासी बड़े बेमन से राम की आज्ञा को मान कर अपनी नगरी में लौट आए।

चौदह वर्ष के बाद राम अयोध्या वापस आए और उनके आश्चर्य का ठिकाना न रहा, जब उन्होंने कुछ लोगों को अब भी उस नदी के किनारे पाया जो उनके पिता के राज्य से जंगल को अलग करती थी। "आप लोग यहाँ क्या कर रहे हैं? आप लोगों ने मेरी आज्ञा क्यों नहीं मानी? क्या मेरी कही हुई बात का कोई महत्त्व नहीं है?"

राम के इन कठोर शब्दों को सुन कर उन लोगों ने रोना शुरू कर दिया। उनको रोते देख कर राम जान गए कि उनके साथ कुछ तो अनुचित हुआ था। "मेरे पति को तुम्हारे दुख से दुख पहुँचता है। इसलिए अपने दुख का कारण बता दो," सीता ने राम को दिलासा देने वाले भाव आँखों में ला कर विनम्रतापूर्वक कहा।

रोना बन्द करके उन लोगों ने कहा, "आप हम पर अवज्ञा या निष्ठाहीनता का आरोप मत लगाएँ। हे रघुवंश के राजा, चौदह वर्ष पूर्व आपने पुरुषों को कहा कि वे अयोध्या लौट जाएँ और आपने स्त्रियों को भी कहा कि वे अयोध्या लौट जाएँ। लेकिन हम तो न पुरुष हैं और न स्त्री। हमारे लिए तो आपका कोई निर्देश था ही नहीं। हमें पता ही न था कि हमें क्या करना है, सो हम यहीं आपकी प्रतीक्षा में खड़े हैं।"

उनकी सारी बात सुन कर, राम की आँखों में आँसू छलक आए। राम को बेशक उनका ध्यान नहीं रहा था लेकिन उन्होंने राम की आज्ञा की अवहेलना नहीं की थी। ऐसा कष्ट और उस पर भी ऐसी दृढ़ भक्ति! राम तो उनके ऋणी थे। उनकी बात सुन कर पूरी तरह अभिभूत हो गए राम। उन्होंने उन सबको अपने गले से लगा लिया और बोले, "आओ, हम सब मिल कर इकट्ठा घर लौटते हैं। अब मैं दोबारा कभी आपकी अनदेखी नहीं करूँगा।" और इस प्रकार वे लोग, जो न पुरुष थे और न नारी, राम के संग अयोध्या नगरी में प्रविष्ट हुए और राम के शासन में बाकी लोगों के साथ खुशी-खुशी जीने लगे।

- जैसा कि मौखिक कथाओं में होता है, इस कहानी के कई रूप मिलते हैं। एक रूप में, राम हिजड़ों से वादा करते है कि कलियुग में उन्हें बहुत अधिक राजनैतिक शक्ति दी जाएगी। दूसरे प्रारूपों में, राम उन्हें पुनर्जन्म से मुक्ति अर्थात मोक्ष देने का वादा करते हैं।

- कई बार, हिजड़ा, पार-लिंगी (ट्रांसजेंडर), विपरीत-लिंगी वेशधारक (क्रॉस-ड्रेसर) और पार-यौनपरक (ट्रांससेक्सुअल) जैसे शब्द बहुत ही भ्रम पैदा कर देते हैं। हिजड़ा सम्प्रदाय एक ऐसा सम्प्रदाय है जिसमें पुरुष से स्त्री में परिवर्तित हुए लोग होते हैं। ऐसे सम्प्रदाय में गुरु की आज्ञा से ही प्रवेश मिल सकता है। पार-लिंगी ऐसी स्त्री या ऐसा पुरुष होता है जिसकी इच्छा समाज में अपने से विपरीत-लिंगी सदस्य के रूप में रहने की होती है। विपरीत-लिंगी वेशधारक व्यक्ति विनोद में या यौन सुख के लिए विपरीत-लिंगी वस्त्र पहनने या उनका वेश धारण करने का/की इच्छुक होता/होती है। एक पार-यौनपरक

व्यक्ति वास्तव में अपने शरीर की विशिष्टता के विपरीत व्यवहार करता/करती है। उसमें दरअसल विपरीत लिंग के गुण ज़्यादा होते हैं और वह स्वयं को बधियाकरण से अथवा ऑपरेशन से विपरीत लिंग में परिवर्तित करना चाहता है।

- 'सेक्स' शब्द को शारीरिक अर्थों में ज़्यादा इस्तेमाल किया जाता है जबकि 'जेंडर' को इन मायनों में प्रयोग किया जाता है कि शरीर सामाजिक रूप से (व्यवहार और वस्त्रों की दृष्टि से) अपने आपको किस तरह व्यक्त करता है। लैंगिकता (सेक्सुऐलिटी) कामुकता अथवा काम-वासना के सभी पक्षों से सम्बन्धित है जैसे स्त्री-पुरुष, लिंग, अनुकूलता, भाव मुद्रा, पहचान, मनोविज्ञान और समाजशास्त्र।

- हिन्दू पौराणिक कथाओं में, त्रिशंकु एक लोकप्रिय चरित्र है, जो न इधर रहता है और न उधर।

- हिजड़ा सम्प्रदाय में, चेहरे पर उगे बालों को अच्छा नहीं माना जाता। इस पुस्तक में जहाँ भी पुरुष और स्त्री दोनों के यौन गुणों को दर्शाने के लिए चेहरे के बालों का उपयोग किया गया है, वहाँ-वहाँ कलात्मक स्वतंत्रता ली गई है।

- तृतीय प्रकृति (तीसरे लिंग या तीसरी लैंगिकता) की धारणा पहली बार 'महाभारत' में दिखाई देती है और इसके कुछ सदियों के बाद, 'कामसूत्र' में इसका विस्तार से वर्णन मिलता है। इसमें इस श्रेणी के लोगों का संदर्भ स्त्रीलिंग का प्रयोग करते हुए दिया गया है और उनका वर्गीकरण स्त्री और पुरुष के रूप में किया गया है। स्त्री औरतों की तरह वस्त्र धारण करती है और अक्सर वह वेश्या होती है और पुरुष मर्दों की तरह तैयार होता है और अक्सर मालिश करने वाला होता है। 'कामसूत्र' में पुरुषों को यह सलाह दी गई है कि वे स्त्री को धीरे-धीरे लुभाएँ और उन पर यौन सम्बन्ध स्थापित करने के लिए ज़ोर डालें, लेकिन इसके साथ-साथ 'कामसूत्र' में उन्हें यह

चेतावनी भी दी गई है कि अगर वे ज़रूरत से ज़्यादा धीमे हो जाएँगे तो उन्हें तृतीय प्रकृति का ठहराया जा सकता है। तृतीय प्रकृति शब्द का प्रयोग कभी स्त्री के लिए नहीं किया गया।

- 'कामसूत्र' के उन्नीसवीं शताब्दी के अनूदित संस्करण में रिचर्ड बर्टन ने तृतीय प्रकृति की चर्चा हिजड़े (यूनक, eunuch) के रूप में की है, जिससे भ्रम पैदा हो जाता है। उन्होंने पूर्व के पुरुषों को अतिकामुक और स्त्री जैसे गुणों वाला कहने की उस प्रवृत्ति का अनुसरण किया है जो प्राज्यविदों में दिखती है।

- वैदिक यज्ञों की व्याख्या करने वाले 'ब्राह्मण ग्रन्थों' में यह कथा आती है कि किस तरह इस संसार को देवताओं ने तीन भागों में विभाजित किया है: पौरुषयुक्त आकाश, स्त्रियोचित पृथ्वी और नपुंसक वायुमंडल। आकाश की पीड़ा नियम तोड़ने वाले पुरुष में जाती है। धरती की पीड़ा उच्छृंखल स्त्री में जाती है और वायुमंडल की पीड़ा नपुंसक प्राणियों में जाती है। क्या ये नपुंसक प्राणी किन्नरता की ओर संकेत करते हैं जो पुरुषत्व और स्त्रीत्व की धारणाओं के लिए चुनौती हैं ?

- लिंग और कामुकता का विचार तंत्रों में यहाँ तक कि यह 'मनुस्मृति' में भी पाए जाने वाले एक विचार में निहित है, जिसके अनुसार जब पुरुष का बीज ज़्यादा प्रबल होता है, तो पुत्र का जन्म होता है और जब नारी का बीज प्रबल होता है, तो कन्या का जन्म होता है और जब नर और मादा दोनों के बीज समान रूप से प्रबलता लिये हुए होते हैं तो किन्नर बालक का जन्म होता है। हालाँकि वैज्ञानिक रूप से यह सही नहीं है, लेकिन फिर भी यह रोगविज्ञान के संदर्भ में नहीं, बल्कि शारीरिक संदर्भों में किन्नरों के अस्तित्व के बारे में समझाने की इच्छा का सूचक है।

- वेदों में एक पंक्ति है, 'विकृतिः एवम् प्रकृतिः' जिसका अर्थ है कि 'सभी किन्नर चीज़ें प्रकृति का ही अंग हैं।'

- नवीं सदी के तमिल रहस्यवादी कवि और भक्त नम्मलवर, अक्सर ईश्वर के बारे में समेकित रूप से चर्चा करते थे—ऐसा अस्तित्व जो 'यहाँ, वहाँ और बीच में' विद्यमान रहता है।

- 'भगवद्गीता' के दसवें अध्याय में कृष्ण अपने विराट रूप में प्रकट हो कर अर्जुन से कहते हैं, 'मैं सब में हूँ, सब में था और सब में रहूँगा'। हिन्दू धर्म में संसार परमात्मा से अलग नहीं है। यह पूरा जगत परमात्मा ही है। ईश्वर में ही सब कुछ समाया हुआ है। किन्नर इससे अलग नहीं हैं।

संदर्भ सूची

1. अम्बालाल, अमित *कृष्णा ऐज़ श्रीनाथजी,* अहमदाबाद : मैपिन पब्लिशिंग प्रा. लि., 1995
2. ऐंडरसन, लियोना एम. *वसन्तोत्सव : द स्प्रिंग फेस्टिवल ऑफ़ इण्डिया,* नई दिल्ली : डी.के. प्रिंटवर्ल्ड प्रा. लि., 1993
3. बेगेमिहल, ब्रूस *बायोलॉजिकल इग्ज़ूबरेन्स ऐंड एनिमल होमोसेक्सुऐलिटी ऐंड नेचुरल डायवर्सिटी,* लंदन : प्रोफाइल बुक्स, 1999
4. भंडारकर, रामकृष्ण गोपाल *वैष्णविज़्म, शैविज़्म ऐंड माइनर रिलिजियस सिस्टम्स,* नई दिल्ली : एशियन एजुकेशनल सर्विसेज, 1983
5. ब्रिस्टो, जोसेफ *सेक्सुऐलिटी (द न्यू क्रिटिकल ईडीयम्ज़ सीरीज़)* लंदन, रटलेज, 1997
6. ब्राउन, रॉबर्ट एल. सम्पादक, *गणेश—स्टडीज़ ऑफ़ एन एशियन गॉड,* दिल्ली, श्री सतगुरु, 1991
7. कूप, लॉरेंस *मिथ (द न्यू क्रिटिकल ईडीयम सीरीज़)* लंदन, रटलेज 1997
8. डांगे, सदाशिव अम्बादास *एनसाइक्लोपीडिया ऑफ़ पुराणिक बिलीफ्स ऐंड प्रैक्टिसेज़,* खण्ड 1–5, नई दिल्ली, नवरन, 1990
9. डेनियलू, एलेन *गॉड्स ऑफ़ लव ऐंड एक्स्टेसी : द ट्रेडिशन ऑफ़ शिवा ऐंड डायोनाइसस,* रोशेस्टर वी टी : इनर ट्रडिशन्स,1992
10. देवी, शकुन्तला द *वर्ल्ड ऑफ़ होमोसेक्सुअल्स,* नई दिल्ली : बेल बुक्स, 1978
11. धारवाड़कर, विनय सम्पा. द *कलेक्टेड एसेज़ ऑफ़ ए.के. रामानुजन,* नई

दिल्ली, ऑक्सफोर्ड यूनिवर्सिटी प्रैस, 1999

12. डोनिगर, वेंडी और स्मिथ, ब्रेन के. द *लॉज़ ऑफ़ मनु,* नई दिल्ली : पेंगुइन बुक्स, 1991

13. डोनिगर, वेंडी *स्प्लिटिंग द डिफरेंस,* नई दिल्ली : ऑक्सफोर्ड यूनिवर्सिटी प्रैस, 2000

14. इलियट, एलेक्ज़ेंडर द *यूनिवर्सल मिथ्स,* न्यूयार्क, मेरिडियन बुक्स, 1990

15. एंटविसल, ए.डब्ल्यू. *ब्रज, सेंटर ऑफ़ कृष्णा पिलग्रिमेज़,* ग्रोनिंगन, द नीदरलैंड्स, एगबर्ट फोर्सटन, 1987

16. फ्लड, गैविन *एन इंट्रोडक्शन टु हिन्दुइज़्म,* नई दिल्ली, कैम्ब्रिज यूनिवर्सिटी प्रैस, 1998

17. फ्रॉउले, डेविड *फ्रॉम द रिवर ऑफ़ हैवन,* नई दिल्ली, मोतीलाल बनारसीदास पब्लिशर्स प्रा.लि., 1992

18. ग्रेव्स, रॉबर्ट द *ग्रीक मिथ्स,* लंदन, पेंगुइन बुक्स, 1960

19. हैन्सन, कैथरीन *ग्राउन्ड्स .फ़ॉर प्ले : द नौटंकी थियेटर ऑफ़ नार्थ इण्डिया,* बर्केले : युनिवर्सिटी ऑफ़ कैलिफोर्निया प्रैस, 1991

20. हर्टसूकर, डोल्फ *साधूस, होली मैन ऑफ़ इण्डिया,* लंदन, थेम्स ऐंड हडसन, 1993

21. हाईवाटर, जमैके *मिथ ऐंड सेक्सुऐलिटी,* न्यूयार्क मेरिडियन, 1990

22. हिल्टबीटल, आल्फ द *कल्ट ऑफ़ द्रौपदी,* शिकागो, द यूनिवर्सिटी ऑफ़ शिकागो प्रैस, 1988

23. जैनी, पद्मनाभ एस. द *जैना पाथ ऑफ़ प्योरिफ़िकेशन,* नई दिल्ली, मोतीलाल बनारसीदास पब्लिशर्स प्रा.लि.,1979

24. जयकर, *पुपुल द अर्थ मदर,* नयी दिल्ली, पेंगुइन बुक्स, 1989

25. जॉर्डन, माइकल *मिथ ऑफ़ द वर्ल्ड,* लंदन, कैम्ब्रिज यूनिवर्सिटी प्रैस, 1993

26. कक्कड़, सुधीर द *इनर वर्ल्ड : ए साइको-एनालायटिक स्टडी ऑफ़ चाइल्डहुड ऐंड सोसायटी इन इण्डिया,* दिल्ली, ऑक्सफोर्ड यूनिवर्सिटी प्रैस, 1981

27. किंज़ली, डेविड *हिन्दू गॉडेसेस, विज़न्स ऑफ़ द डिवाइन फेमिनिन इन द हिन्दू रिलिजियस ट्रेडिशन,* नई दिल्ली, मोतीलाल बनारसीदास पब्लिशर्स प्रा. लि., 1987

28. लोरेनज़ेन, डेविड और मुनोज़, एड्रियन, सम्पादक *योगी हीरोज़ ऐंड पोएट्स : हिस्ट्रीज़ ऐंड लिजेन्ड्स ऑफ़ द नाथ्स,* न्यूयॉर्क, स्टेट यूनिवर्सिटी ऑफ़ न्यूयार्क प्रैस, 2011

29. मल्होत्रा,राजीव *इन्द्रा 'स नेट,* नई दिल्ली, हार्पर कॉलिन्स, 2014

30. मणि, वेट्टम *पुराणिक एन्साइक्लोपीडिया,* नई दिल्ली, मोतीलाल बनारसीदास पब्लिशर्स प्रा.लि., 1996

31. मार्टिन–डुबोस, पॉल *गणेशा : एनचैन्टर ऑफ़ द थ्री वर्ल्ड्स,* मुम्बई : फ्रैंको–इंडियन रिसर्च, 1997

32. मजुमदार, सुभाष *हू इज़ हू इन द महाभारता,* मुम्बई : भारतीय विद्या भवन, 1988

33. मर्चेंट, होशान, सम्पादक *याराना : गे राइटिंग इन इण्डिया,* नई दिल्ली, पेंगुइन बुक्स, 1999

34. मेयर, जोहान जैकब *सेक्सुअल लाइफ इन एन्सिएंट इण्डिया,* नई दिल्ली, मोतीलाल बनारसीदास पब्लिशर्स प्रा. लि., 1989

35. नाबर, वी., तमकर एस., अनु. द *भगवदगीता,* हर्टफोर्डशायर : वड्‌र्सवर्थ क्लासिक्स, 1997

36. नागर, शान्तिलाल और नाग, तृप्ता, अनु. *गिरिधर रामायणा इन गुजराती,* मुंशीराम मनोहरलाल, 2003

37. नन्दा, सेरेना *नाइदर मैन नॉर वुमन : द हिजड़ाज़ ऑफ़ इण्डिया,* बेलमोंट, कैलिफोर्निया : वर्ड्‌सवर्थ, 1990

38. ओ 'फ्लार्टी, वेन्डी डोनिगर, अनु. द *ऋग्वेदा, एन एन्थोलॉजी,* नई दिल्ली, पेंगुइन बुक्स, 1994

39. ओ 'फ्लार्टी, वेन्डी डोनिगर *सेक्सुअल मेटाफोर्स ऐंड एनिमल सिम्बल्स इन इण्डिया माइथालॉजी,* नई दिल्ली : मोतीलाल बनारसीदास पब्लिशर्स प्रा.लि., 1981

40. पैनाटी, चार्ल्स *सेक्सी ओरिजिन्स ऐंड इंटिमेट थिंग्स*, न्यूयॉर्क : पेंगुइन बुक्स, 1998

41. कॉनर, रेंडोल्फ पी. लुन्डशेन स्पार्क्स, डेविड हेटफील्ड ऐंड स्पार्क्स, मारिया *केसेल्स एन्साइक्लोपीडिया ऑफ़ क्वियर मिथ, सिम्बल ऐंड स्पिरिट*, लंदन : कैसेल, 1997

42. श्वाट्र्ज़, किट द *मेल मैम्बर*, न्यूयॉर्क : सेंट मार्टिन'स प्रैस,1985

43. सेन, मक्खन लाल द *रामायणा ऑफ़ वाल्मीकी*, नई दिल्ली, मुंशीराम मनोहरलाल पब्लिशर्स प्रा.लि., 1978

44. स्पेन्सर, कॉलिन *होमोसेक्सुऐलिटी, ए हिस्ट्री*, लंदन : फ़ोर्थ एस्टेट, 1995

45. स्ताल, फ्रिट्स *डिस्कवरिंग द वेदास : ओरिजिन्स, मंत्रास, रिचुअल्स, इनसाइट्स*, नई दिल्ली, पेंगुइन इण्डिया, 2008

46. सुब्रह्मण्यम, कमला *महाभारत*, मुम्बई : भारतीय विद्या भवन, 1988

47. सुब्रह्मण्यम, कमला *रामायणा*, मुम्बई, भारतीय विद्या भवन, 1990

48. सुब्रह्मणयम, कमला *श्रीमद्भागवतम्*, मुम्बइ, भारतीय विद्या भवन, 1987

49. थाडानी, गीती *सखियानी*, लंदन : केसेल, 1996

50. वनिता, रुथ और किदवई, सलीम, सम्पादन *सेम सेक्स लव इन इण्डिया : ए लिटरेरी हिस्ट्री*, नई दिल्ली, पेंगुइन बुक्स इण्डिया, 2008

51. वर्मा, पवन के. *कृष्णा*, द *प्लेफुल डिवाइन*, नई दिल्ली : पेंगुइन बुक्स, 1993

52. वॉकर, बेंजामिन *हिन्दू वर्ल्ड, खण्ड 1 और 2*, नई दिल्ली : मुंशीराम मनोहरलाल पब्लिशर्स प्रा.लि., 1983

53. विल्हेम, अमरदास *तृतीय-प्रकृति : पीपल ऑफ़ द थर्ड सेक्स*, फिलाडेल्फिया : एक्सलिब्रीज़ कार्पोरेशन, 2003

54. ज़िमर, हेनरिक *मिथ्स ऐंड सिम्बल्स इन इण्डियन आर्ट ऐंड सिविलाइज़ेशन्स*, नई दिल्ली, मोतीलाल बनारसीदास पब्लिशर्स प्रा.लि., 1990

शब्दावली

यौन सम्बन्धी विषयों पर प्राचीन भारत में चाहे काम हुआ हो, व्याख्या-विवेचन हुआ हो, 'कामसूत्र' जैसा ग्रन्थ लिखा गया हो, लेकिन जब से हिन्दी ने अपना आधुनिक स्वरूप ग्रहण किया है, अनेक कारणों से यह क्षेत्र अछूता ही रहा है। यहाँ तक कि प्रजनन सम्बन्धी शब्दावली का भी बहुत अभाव है। न केवल यह बल्कि अनुवाद पर और खास तौर पर अंग्रेज़ी से अनुवाद पर निर्भर होने के कारण, कोई मानक शब्दावली भी निर्मित नहीं हो पाई है। मसलन, अंग्रेज़ी का शब्द 'सेक्स' जो अंग्रेज़ी में अनेक अर्थों में इस्तेमाल होता है, हिन्दी में मुश्किलें पैदा करता है। ऊपर से एक परेशानी यह भी है कि पिछले सौ बरसों में पश्चिमी जगत में भी विभिन्न अवधारणाओं के बारे में जो विचार-विमर्श हुआ है, उसने बहुत-सी पुरानी अवधारणाओं को बदल कर रख दिया है और इसके साथ ही नई शब्दावली विकसित करते हुए, कई बार पुराने शब्दों में नए अर्थ भर दिए हैं। इस स्थिति को ध्यान में रखते हुए हम यहाँ उन शब्दों की एक सूची दे रहे हैं जो मूल अंग्रेज़ी पुस्तक में लगभग तकनीकी ढंग से इस्तेमाल किए गए हैं। इन शब्दों के सामने वे हिन्दी शब्द भी दिए गए हैं जो इस पुस्तक में उन अंग्रेज़ी शब्दों के लिए प्रयोग में लाए गए हैं। पाठकों की सुविधा के लिए जहाँ-जहाँ ऐसा हुआ है, वहाँ कोष्ठक में मूल शब्द भी दे दिया गया है और जहाँ अवधारणा को समझा कर बताने की ज़रूरत महसूस हुई है, वहाँ उस अवधारणा को समझा कर बता भी दिया गया है।

alpha male - परम पुरुष

asexual - यौन-विमुख

bi-sexual – द्वि-लिंगकामी, उभय-लिंगकामी

bi-sexuality – द्वि-लिंगकामुकता, उभय-लिंगकामुकता

cross-dressing – विपरीत-लिंगी वेशधारण

cross-dresser – विपरीत-लिंगी वेशधारक

eunuch – हिजड़ा

gender – लिंग

genital – जननेन्द्रिय सम्बन्धी, यौनांग सम्बन्धी

hermaphrodite – द्वि-लिंगी, उभय-लिंगी

heterosexual – विपरीत-लिंगी यौन आकर्षण

heterosexuality – विपरीत-लिंगी यौन आकर्षण

homoerotic – सम-शृंगारी, समकामुक

homosexual – समलैंगिक

homosexuality – समलैंगिकता

intersexed – अन्तर्लिंगी

lesbian – समलिंगी स्त्री

lesbianism – स्त्री समलैंगिकता

queer – किन्नर

queerless – सामान्य

queerness – किन्नर प्रवृत्ति

reproductive – प्रजनन सम्बन्धी

romantic – रूमानी, शृंगारी

sexual – लैंगिक, यौन, कामुक

transsexual – पार-लिंगी

transgender – पार-लिंगी

transgressive – अतिचारी

❑❑❑

लेखक देवदत्त पटनायक की अन्य बहुचर्चित पुस्तकें

शिव के सात रहस्य
₹265/- (PB)
ISBN - 9789350642399

विष्णु के सात रहस्य
₹265/- (PB)
ISBN - 9789350642405

देवी के सात रहस्य
₹295/- (PB)
ISBN - 9789350643013

भारतीय पौराणिक कथाएँ
₹265/- (PB)
ISBN - 9789350642559

सभी प्रमुख पुस्तक विक्रेताओं पर उपलब्ध या
इस वेबसाइट से मंगवाएं
www.rajpalpublishing.com